EL CONTE LITERARI VALENCIÀ AL SEGLE XX.

AF579674

TAULA DE CONTINGUT

La definició de conte literari

De les tres accepcions de la paraula conte que trobem al diccionari: la primera és *rondalla*; la segona, *narració, generalment breu, d'un fet o d'una sèrie de fets reals, llegendaris o ficticis, amb la intenció d'entretenir, divertir, moralitzar, etc.* I finalment la tercera, *relació d'un esdeveniment fals o de pura invenció*; La segona és la que ens interessa a efectes de delimitar el camp d'estudi. Però caldrà encara polir la definició per tal que ens servisca de base per a l'estudi present. Es diferencia entre el conte tradicional, de transmissió oral que a casa nostra anomenem rondalla i el conte literari, narració breu sobre algun fet real o imaginari amb una determinada intenció que ha estat originat i creat per un autor. Així queda clar que una narració d'origen oral, per exemple les rondalles valencianes d'Enric Valor, encara que tinguen, com és evident, una certa recreació literària per part del recopilador, l'origen és bàsicament tradicional, la qual cosa el deixa fora de l'estudi que es pretèn realitzar sobre el conte literari.

Ara bé, una de les primeres dificultats a l'hora de delimitar el conte literari ve pel fet de la seua extensió, un conte potser una novel·la curta? Una novel·la curta pot arribar a ser un conte literari? La mateixa definició segona que apareix al diccionari és prou ambigua: *generalment breu* diu, quan es refereix al tipus de narració, la qual cosa vol manifestar que podria haver-hi un conte d'extensió llarga, aleshores estaríem parlant de novel·la? Pense que no cal delimitar exactament el número de paraules o altre referent per parlar de conte o de novel·la curta, caldrà, però analitzar la voluntat de l'autor, la seua finalitat, el medi de publicació i altres circumstàncies que ajuden a delimitar el gènere escollit. El professor Alan Yates[1] opina que la novel·la curta o *nouvelle* té una entitat pròpia diferent del conte i de la novel·la per la seua dimensió i les seues propietats, i que *el cànon dels clàssics reconeguts del (sub)gènere és autènticament internacional*. I conclou

[1] YATES, Alan, (1998): "Sobre les característiques (sub)genèriques de la novel·la curta o *nouvelle*" dins *Actes del Primer Simposi internacional de narrativa breu*, IIFV-Montserrat, p.10.

que caldria un esforç de fixació i anàlisi de la pròpia parcel·la d'aquest cànon.

Segons Cortázar[2] la novel·la no té límits, mentre que quan un conte sobrepassa les vint pàgines, a França és denominat nouvelle. És veritat que la diferència entre el conte i la novel·la queda ben clara i comparada amb la diferència que hi ha entre l'estètica de la fotografia i la de la cinematografia, però i la nouvelle amb què es pot comparar?

Segons el professor M. Baquero Goyanes[3] "el conte és un preciós gènere literari que serveix per expressar un tipus especial d'emoció, de signe semblant a la poètica, però que, no essent apropiada per ser exposada poèticament, encarna en una forma narrativa, propera a la de la novel·la però diferent a ella en la tècnica i la intenció. Es tracta, doncs, d'un gènere intermedi entre poesia i novel·la, copsador del matís semipoètic, seminovel·lesc, que només és expressat en les dimensions del conte".

Segons el professor Vicent Alonso[4] la definició de conte des del punt de vista pragmàtic ha estat feta per W.S.Maugham i per Genette en dir que podem considerar un conte quan l'autor el designa com a tal.

És clar que tenim exemples d'autors que han escrit una història en forma de conte i després l'han desenvolupada en forma de novel·la, així per exemple Narcís Oller en el cas de *Vilaniu*, que primer va ser una narració curta i després la desenvolupà fins convertir-la en una narració més llarga, cosa que a criteri d'alguns crítics com Baquero Goyanes no és una forma elogiosa per al conte en concret ja que la principal característica del conte és la miniatura molt ben dibuixada mentre que la novel·la pot ser un quadre.

Entre altres definicions Alfred Sargatal al seu llibre *Iniciació al conte literari* proposa la següent: *el conte literari modern és una narració curta, en prosa, d'assumpte o argument fictici i altament significatiu. Es caracteritza pel fet de tenir una trama senzilla, pocs personatges i detalls, i una acció reduïda a un episodi o un aspecte.* Malgrat això,

---

[2] CORTÁZAR, Julio, (1962) "Alguns aspectes del conte" dins *Iniciació al conte literari* d'Alfred Sargatal, Glauco, 1987, pàg. 73.

[3] BAQUERO GOYANES, M., *El cuento español en el siglo XIX,* CSIC, Madrid, 1945.

[4] ALONSO, Vicent (1998): "Sobre la publicació en forma de recull del conte contemporani" dins *Actes del Primer Simposi internacional de narrativa breu,* IIFV-Montserrat, ps. 42-43.

no queda ben clara la diferència entre conte i narració breu o novel·la curta.

Fent un repàs a les denominacions que ha rebut el conte en altres llocs i en altres èpoques tenim:

L'exemple: (exemplum) narració curta que servia per il·lustrar una lliçó moral.

La faula: narració breu en vers o prosa que tenia una intenció moralitzant com l'anterior, però els personatges eren no-humans.

L'al·legoria: relat breu en prosa o vers amb un doble significat: un de superficial i un de profund.

La paràbola: història curta que té com objectiu una lliçó moral.

El bestiari: gènere medieval on la conducta dels animals (emprats com a símbols) apunta a una lliçó moral. Els moderns deriven cap a la sàtira, la ironia, la caricatura o la fantasia.

L'èpica animal, conte al·legòric protagonitzat per animals a voltes llarg, i un estil pseudo-èpic.

Lais: narració breu destinada a ser cantada, històries amoroses basades en llegendes cèltiques.

El fabliau: contes obscenament còmics, de caire satíric. (eren originalment octosíl·labs de tres-cents o quatre-cents versos i va florir a França entre 1150 a 1400)

L'sketch: prosa curta (dues-centes o tres-centes paraules) que acostuma a ser descriptiu, solien publicar-se als diaris i revistes del segle passat i de la primera meitat d'aquest segle. Per altra banda es pot referir a una peça teatral curta.

El "yarn": És qualsevol història o conte en general en llenguatge col·loquial, també podem dir que és una anècdota elaborada (episodi fragmentari) o un seguit d'anècdotes.

El conte fantàstic, o de fades: Forma part de la tradició oral. Conegut a casa nostra amb el nom de rondalla. I és la primera definició que apareix al diccionari.

La novel·la que podem classificar en curta o llarga, la primera és la que s'acosta al conte literari.

El conte literari ha estat conreat durant el segle XX al País Valencià, segurament la seua curta extensió ha estat la causa que se'n publicaren més freqüentment i més fàcilment que no les novel·les i narracions llargues.

Un plantejament que cal estudiar és si els autors aprofiten els contes per assajar allò que després desenrotllaran a les novel·les. Em sembla que dependrà d'autors, i efectivament n'hi haurà que sí i d'altres que consideren el conte com un gènere autònom i suficientment capaç de produir la mateixa sensibilitat estètica que qualsevol altra forma literària i no senzillament com una fase d'aprenentatge o d'assaig.

Vicent Alonso[5] parla de les formes de publicació de la narrativa breu:

Nouvelle - text narratiu curt com a simple resposta a la limitació. Short-story text narratiu que extrau un profit estètic d'aquesta exigència material. Dos tipus de reculls de contes, un en què les narracions no tenen res a veure les unes amb les altres, i un altre tipus de recull de contes en què sí tenen una certa unitat temàtica. També esmenta tota la paratextualitat que acompanya la publicació de reculls de contes com ara: Títols, epígrafs, pròlegs, epílegs, índexs, presentacions, citacions, dedicacions, solapes, portades, contraportades. Així tenim títols **que segueixen el 'tema'** més o menys unitari, poden ser exemples *Els penitents, El perquè de tot plegat,* títols **que segueixen el 'rema'**, és a dir es limiten a indicar la condició genèrica, paragenèrica, o merament formal (contes, històries, relats...), a voltes són un afegitó (*Disset contes i una excepció, Paràboles i prou,* etc.), títols **que mesclen el 'tema' més o menys unitari amb el 'rema'** com per exemple, *Històries marginals, Cròniques de la veritat oculta, Històries perverses,* etc. Altres procediments textuals, també dirigits a concedir al lector la possibilitat d'una **interpretació unitària** del conjunt aplegat al llibre, són per exemple els de Tomàs Belaire, a *Crims relatius,* i *Els penitents,* on hi ha referències d'uns contes a d'altres del mateix recull, i s'arriba a la frontera entre el recull i la història única. O **el cas de Vicent Borràs en *Sala d'espera*** on es fa un epíleg als nou contes recollits i dues parts d'un únic text que obri i tanca el volum i que formalment i temàticament, situa els contes en una unitat superior, un llibre (*Nou suïcidis i una mort natural*) que algú llegeix en un tren. Dos tipus de publicació de reculls de contes radicalment diferents: **els que es limiten simplement a acumular textos** i **aquells**

[5] ALONSO, VICENT (1998): *op. cit.,* ps. 41-60.

que aprofiten aquesta manera establerta de publicació per tal d'introduir-hi, amb mitjans diversos, una certa plus-vàlua de sentit, dirigida fonamentalment a suggerir al lector la seua unitat significativa. Entre aquests darrers n'hi ha que mereixen una atenció especial ja que fan un ús singular de l'aprofitament de les condicions de publicació o estableixen amb el marc comunicatiu una relació de segon grau, és a dir, introdueixen la possibilitat del joc, del trencament, i obliguen el lector a saber que el mateix marc en què s'insereixen és també objecte de comunicació. Exemples del primer cas serien *Històries de la mà esquerra,* de Jesús Moncada, del segon cas (del trencament) pot posar-se com a exemple ben perfecte el recull de Quim Monzó titulat *Del tot indefens davant dels hostils imperis alienígenes*. I encara va més enllà el recull *alfaBet* de Josep Palacios.

Les conclusions a què arriba Santiago Bernard[6] són: primer que el relat breu suposa sempre una certa *perspectiva distanciada*, que arriba a ser perceptible per damunt i sense prejudici d'efectes narratius de sentit contrari, com ara la *focalització interna*. Quan aquesta focalització interna es dóna, parlem d'un *efecte zoom*.

Com a causa d'aquesta perspectiva distanciada assenyalaríem el *caràcter temàtic* del conte i fins i tot la novel·la curta. Sempre vindria a ser, en aquest sentit, el relat breu, una mena d'*exemple* que demostra o il·lustra alguna idea.

El relat breu tendeix a ésser percebut com formant part d'un conjunt i com a tal *conte* contat per algú. Aquest punt de vista no assoleix el mateix grau d'autonomia i versemblança al relat breu que a la novel·la llarga.

La categoria de l'*autor implícit,* establert per Booth per a tot tipus de relats, seria molt perceptible a les formes breus del relat.

La *funció del títol* al relat breu és específicament determinant.

---

[6] BERNARD, SANTIAGO (1998): "Punt de vista i brevetat", dins *Actes del Primer Simposi internacional de narrativa breu,* IIFV-Montserrat, ps.165-176.

Els contes literaris al País Valencià (1900-1975)

Una visió diacrònica d'obres i autors

Primeries de segle (1900-1919)

Contes publicats en revistes:

A València s'hi troben diverses revistes dedicades a la publicació d'un conte o una narració breu, així tenim primerament "El Cuento del Dumenche" publicació setmanal fundada i dirigida per Lluís Bernat i Ferrer, la qual publicà, entre 1908 i 1909, una narració curta en prosa a cada número, en llenguatge dialectal, col·loquial i amb ortografia castellanitzada i permeté que els autors de la revista serviren formes ordinàries i empobrides, els seus redactors atacaren enèrgicament el grup d'escriptors de Lo Rat Penat, i els acusaren d'usar un idioma arcaïtzant, de limitar-se al conreu de la poesia, de professar una ideologia ultraconservadora i, en conseqüència, de distanciar-se del poble. Va publicar en total 51 fascicles.[7] Després li seguiria "El Cuento Valencià" l'any 1910, dirigit per Bernat Morales i San Martín, amb unes pretensions més rigoroses, tant des del punt de vista literari, com des de l'angle lingüístic, intentà incorporar traduccions d'obres d'altres literatures com una de Lleó Tolstoi, no passà però dels 12 números. "El Cuento Levantino"[8] també va eixir el 1910. "Rondalles Noves" el 1912. "El Cuento del Disapte" fou una altra iniciativa frustrada, publicada el 1914. També el mateix any 1914 apareix per segona vegada "El Cuento del Dumenche" ara sota la direcció de Vicent M. Carceller, gran promotor d'edicions populars, i continuà fins al 1921, amb un total de 366 opuscles. Durant alguns mesos, segurament per falta d'originals, publicà textos teatrals. A partir del 1919 canvià l'ortografia del títol ("El Cuento del Dumenge") i, en una certa mesura s'ajustà a les normes de l'Institut d'Estudis Catalans i demostrà una evident preocupació de dignitat

---

[7] FUSTER, Joan, "Cuento del Dumenche, El", dins *Gran Enciclopèdia Catalana*, vol. 5, p. 806, 1973.

[8] BLASCO LAGUNA, Ricard, "Cuento del dumenge, el" i "Cuento Valencia, el" dins *Gran Enciclopedia de la Región Valenciana*, vol 3, 1973.

gramatical i en aquest període hi col·laboraren entre altres, Eduard López-Chávarri, Vicent Tomàs i Martí, Enric Navarro i Borràs, Carles Salvador, Francesc Almela i Vives, Adolf Pizcueta, etc. "El Cuento Nou" s'edità el 1915. En tots els quals el professor Simbor afirma que l'estructura melodramàtica triangular és la més repetida, així com els personatges plans, entre altres aspectes i fan de tot plegat un subproducte literari mancat de vàlua estètica, hi trobem un mèrit, si més no, unes primeres passes cap a la normalització de la narrativa.

Contes publicats en reculls

La primera dècada del segle

Tres són els llibres de contes o narracions curtes que apareixen en la primera dècada del segle, els dos primers són de temàtica costumista i folklòrica i el tercer s'acosta a posicions més modernes de la literatura i fins i tot de la tècnica del conte literari:

Capolls mustigats, publicat el 1900*, que se reeditó años más tarde con el título* ***Escenes castellonenques.*** *Se trata de una narrativa colorista y vibrante, de intensa frescura, que enlaza con la mejor tradición clásica, sin renunciar a una cálida palpitación popular*[9] de Salvador Guinot Vilar (Castelló de la Plana, 1866 – 1944).

Canyissades de Joaquim Amo (Monòver, 1873-1914) que *publicó en la primera decena del siglo en su periódico "El Pueblo", una serie de narraciones en la lengua propia,* protagonitzades per*"L'oncle Canyís". Fueron recogidas en libro en 1950 y reeditadas por "L'Estel" de Valencia en 1973. En estas "estampes del vell Monòver", quedó plasmado, con festiva agudeza y afecto matizado por la ironía –o sea, el estilo utilizado por Guinot- un microcosmos social en trance de mudanza.*[10]

Cuentos lírics (1907) d'Eduard López-Chavarri i Marco (1871 - 1970), autor que va mantenir una sintonia artística i ideològica amb els modernistes catalans.

---

[9] Blasco, R., Entrada "Novela", *GERV,* vol VIII, 1973, ps. 18-34.
[10] Blasco, R., Entrada "Novela", GERV, vol VIII, 1973, ps. 18-34.

Daniel Martínez Ferrando, que publica narracions de primer interès com 'La Reina' (1914), Jacint Mª Mustieles i Carles Salvador que viuen a València i que tenen una visió més moderna de la literatura i de la llengua, obriran un camí d'actualització a la narrativa i de dignitat.

Segons Vicent Simbor Roig[11] la narrativa valenciana naix a primeries de segle quan apareix l'esmentat recull de narracions de Salvador Guinot, reeditat a la Biblioteca Popular de "L'Avenç" el 1905.

Tant Salvador Guinot com Josep Pasqual Tirado, també castellonenc, i altres de comarques del sud com Joaquim Amo i Francesc Martínez i Martínez tenen en comú el conservadorisme ideològic i polític, el cristianisme i l'amistat personal, i tots comparteixen per tant un costumisme localista acompanyat de fulletonisme.

La segona dècada del segle XX

De 1911 a 1920 apareixen també tres llibres de contes, altra volta dos són de temàtica popular i el tercer s'costa més al conte literari:

Francesc Martínez i Martínez (Altea, 1866 - 1946) publica el 1912 un primer recull folklòric i costumista titulat ***Folklore valencià. Coses de la meua terra (La Marina). Primera tanda***. El qual tindrà continuació en altres llibres posteriors.

A València, l'any 1918, va aparèixer el llibre ***Cuentos y llegendes regionals*** de José Ruiz de Lihory que segons Simbor podria haver aparegut inclòs dins de "El cuento del Dumenche" sense desentonar el més mínim.

Jesús Ernest Martínez i Ferrando (València 1891 - 1965) va publicar el 1918, a Barcelona, ***Les llunyanies suggestives i altres proses***, petits poemes en prosa.

La tercera dècada del segle XX

---

[11] SIMBOR, Vicent, "La narrativa valenciana al llarg de les quatre primeres dècades de segle" dins *La narrativa valenciana (1900-1939),* Bromera, 1986.
SIMBOR, Vicent, *Els fonaments de la Literatura Contemporània al País Valencià (1900-1939)*, Institut de Filologia Valenciana, 1988.

El 1920 apareix un segon recull folklòric i costumista de Francesc Martínez i Martínez, continuació del primer, titulat ***Folklore valencià. Coses de la meua terra (La Marina). Segona tanda****.*

Àngel Sànchez Gozalbo (Castelló de la Plana, 1894) publica ***Bolangera de dimonis*** (1921), recull de narracions de molt diversos models: fulletonescos, llegendaris, melodramàtics i costumistes.

El 1921 Jesús Ernest Martínez Ferrando (València 1891 - 1965) va publicar ***Vida d'infant*** que va acabar denominant-se ***Primavera inquieta*** (reeditada el 1926 i el 1947). Va ser seguit per ***Històries i fantasies*** (1924)*, avui introbable, jutjat com un dels llibres de narracions més valuosos que hagin estat escrites mai en català*[12].

A Castelló de la Plana continua el mateix tipus de narrativa: Josep Pasqual Tirado (Castelló de la Plana, 1884-1937) trau ***Tomba-Tossals*** (1930) que havia estat editat abans per capítols al "Boletín de la Sociedad Castellonense de Cultura" durant els anys 1923-1924, i ***De la meua garbera. Contalles de Castelló de la Plana*** (1935), que també havien aparegut a la mateixa revista abans esmentada durant els anys 1920 a 1930, recull de narracions de model pairalista que encetà Salvador Guinot.

Durant la Dictadura de Primo de Rivera (1923-1930) s'havia produït un tall en la producció cultural valenciana per mig de les prohibicions i la censura. En acabar-se la dictadura i començar la República (1931-1936) la producció literària en català té una força bastant important.

Durant aquesta època apareix l'editorial L'Estel (primera etapa 1928-1936 dirigida per Adolf Pizcueta i una segona etapa que començà el 1962, dirigida per Manuel Sanchis Guarner).

Els anys trenta del segle XX

Als anys trenta la narrativa i el teatre continuaven essent els gèneres relegats pels escriptors valencians. Carles Salvador escriu l'any 1928 un al·legat, "Elogi de la Prosa", en favor de la narrativa, al número 14 de la revista "Taula de les Lletres Valencianes".

---

[12] DOLÇ, Miquel, 'Pròleg' a *L'altre geperut i altres contes* de Jesús Ernest Martínez Ferrando, Estel, 1963, p. 8.

La generació de 1930 i la revista setmanal "Nostra Novel·la" seran els encarregats de portar a terme l'intent més seriós de normalització de la narrativa valenciana. La revista, amb una col·lecció de 61 números, però, no presenta cap divergència ni superació de les narracions de les revistes precedents: fulletó, costumisme. Tan sols hi podem qualificar cinc narracions de renovadores, segons Assumpció Bernal[13].

Els anys quaranta del segle XX

Durant els anys quaranta ixen al carrer quatre títols de reculls de relats:

El 1947 es va publicar un tercer i darrer recull folklòric i costumista de Francesc Martínez i Martínez (Altea 1866 - 1946) titulat ***Folklore valencià. Coses de la meua terra (La Marina). Terça tanda i darrera,*** es tracta d'un recull heterogeni de narracions d'estudis etnogràfics i folklòrics, dedicat a llegendes comarcals.

De la València medieval. Contes del pla i de la muntanya (tres volums, el primer de 1947, el segon de 1948 i el tercer de 1950) de Manuel Gonzàlez Martí (València 1877 - 1972).

De la meua fullaraca (1948), fullet de només vuit pàgines, un dietari elaborat amb fragments curts que arrepleguen les impressions del dia de Josep Sanç Moia (Alcoi, 1884 - València, 1962).

Raïmet de pastor (1949), de Josep Sanç Moia, volum de narracions que inaugurava la col·lecció "l'Espiga" de l'editorial Torre.

Són els anys durs de la postguerra i la dictadura franquista intentà aniquilar la nostra cultura i integrar-la, fent-la desaparèixer, dins l'espanyola.

El 1939, acabada la guerra, l'entitat cultural *Lo Rat Penat* reinicia les seues activitats literàries i culturals: Els Jocs Florals, publicacions, i més endavant altres activitats com classes de llengua i altres.

L'any 1943 es torna a publicar el *Boletín de la Sociedad Castellonense de Cultura* que tant ajudà a la nostra literatura.

---

[13] BERNAL, Assumpció, *La narrativa valenciana de Pre-Guerra,* "Biblioteca Manuel Sanchis Guarner, 15", IIFV - Montserrat, 1987.

Les editorials del període són cronològicament:

Torre (1943-1966), *Aunque fundada en 1939, no pudo iniciar las ediciones hasta 1943, debido a la fuerte represión que en estos años se ejercía sobre las culturas y lenguas regionales*[14], publicà 62 llibres.

Lletres Valencianes (1945)

La 'Institución Alfonso el Magnánimo' (1949-),

Sicània (1954 o 1958-) que ha editat 40 títols,

La Societat Castellonenca de Cultura (1948)

Revistes com Sicània (1958-1959) amb 18 números.

Els anys cinquanta del segle XX

Enric Valor va publicar la seua rondallística: ***Rondalles valencianes*** (vol I el 1950, vol II el 1951, vol III el 1958) i ***Narracions de la Foia de Castalla*** (1953) i ***Rondalles gironines i valencianes*** (1951) col·laborant amb Lluís Constanç.

El 1950 aparegué ***Històries casolanes*** de Jordi Valor i Serra (Alcoi, 1908), publicat a l'editorial Lletres Valencianes, té referents patrimonials i elements històrics de l'Alcoi del segle XIX i ambient casolà.

El 1951 ***Històries que semblen novel·les*** de Bernat Bono i Barber, també editat per Lletres Valencianes, on apareix el llegat llegendari del món mariner.

L'Estel a l'aigua (1951) de Garcia Rigal, única obra que publicà l'autor en català, que són fragments breus de caràcter filosòfico-poètic.

El 1952[15] o 1953 Xavier Casp Verger (Carlet, 1915) publicà el recull de narracions ***Proses en carn***.

Els pells roges (1954), de Josep Sanç Moia (Alcoi, 1884 - València, 1962).

El 1955 Josep Iborra (Benissa, 1929) va publicar el recull ***Paràboles i prou***. Eren una cinquantena de pàgines de format petit –va aparèixer dins la col·lecció "l'Espiga", de l'editorial Torre, dirigida per Casp i Adlert. Pertanyen al període de formació de l'autor, quan ell tenia entorn dels vint anys, era una època en què es discernia la

[14] CASP, XAVIER / ADLERT NOGUEROL, Miquel, *Gran Enciclopedia de la Región Valenciana* Vol XI, p. 264, 1973.

[15] BALLESTER, Josep, "Introducció" a *La gent que viu al món* de Maria Beneyto, Bromera, 1997, p. 11.

supervivència del català com a llengua de cultura i la producció de llibres era encara més difícil al País Valencià que a Catalunya o a les Illes Balears. El mateix autor en una entrevista va explicar la gènesi *Em passaven pel cap algunes històries que no eren realistes, sinó una mena d'"idea" sobre la vida, que era susceptible de ser il·lustrada amb una petita història (paràboles). En realitat, les dues coses solien presentar-se juntes, de cop. De vegades em limitava a apuntar aquestes ocurrències amb unes quantes ratlles, i de vegades tractava de desenvolupar-les. Hi havia, també, pel mig, en el meu plantejament, una mena d'obsessió per la pintura contemporània –Picasso, sobretot- o pels primitius italians. Em fascinava també Manolo Gil amb les seues figures a la manera de Piero della Francesca. I junt amb això la música, també contemporània (Stravinsky, Bartók), i la barroca (Vivaldi, que fou "descobert" per aquells anys). Aleshores em preguntava com es podia fer alguna cosa equivalent en literatura. Aquest plantejament m'estimulava, però no vaig trobar la fórmula adequada. Ara pense que em proposava una cosa impossible. De totes formes, en aquest llibret hi ha algun senyal, el tema per exemple, de la pintura o el propòsit de fer una narració 'estàtica', "escultòrica", com ho vaig intentar a 'Nu'. Per uns camins, o per uns altres, les narracions d'Iborra traspuen pessimisme*[16].

El 1956 Miquel Adlert va editar el recull de narracions ***Cor al nu***.

El 1956 R. Andrés Cabrelles (encara supervivent de la Renaixença i ja nonagenari)[17] veu que es publica la seua obra *Núvol d'estiu i algunes coses més* en què apareix, com posteriorment en el llibre de Mascarell de 1957, l'oposició entre poble – ciutat, tradició i modernitat relaxada.

El 1957 J. Mascarell Gosp publica *De la vall al cim* en què apareix una oposició entre horta-ciutat o vall-cim en defensa dels ideals tradicionals d'un tipus de societat rural enfront de la despersonalitzadora urbana.

El 1958 publica A. Verdaguer el seu recull ***Grecs en la seua tinta***.

---

[16] PÉREZ MORAGON, Francesc, "Introducció" a *Paràboles i prou,* Bromera, 1995, ps 10,11 i 21.

[17] GREGORI, Carme, "*Recull de contes valencians*: Una aproximació al conte de postguerra", *Caplletra,* núm. 10, 1991, ps. 95-106.

L'any 1958 Joan Fuster publicà una antologia de contes valencians titulada ***Recull de contes valencians***, en què no tots els autors antologats havien publicat contes, sinó que la meitat (Miquel Adlert, Antoni –Alfred?[18]- Bernabeu Llatas, Xavier Casp, Josep Iborra, Jesús Ernest Martínez Ferrando i Josep Mascarell) havien publicat contes i els altres cinc s'estrenaven (Vicent Andrés Estellés, Maria Beneyto, Francesc de P. Burguera, Josep Palàcios i Eduard Soleriestruch)[19].

L'any 1959 Joan Fuster torna a traure un recull de narrativa infantil *Un món per a infants*, reeditat posteriorment, amb textos d'Eduard Soleriestruch, Enric Valor, Martínez Vidal, Mascarell Gosp i Joan Fuster.

El 1959 Francesc Codonyer publica ***Els minuts i la distància***.

Els anys seixanta i primers anys dels setanta

Hi ha una certa *liberalització* del règim de la qual se'n beneficià la nostra cultura.

Diuen els autors de *La recuperació literària en la postguerra valenciana (1939-1972)*[20] que la col·lecció literària *Nostres Faulelles* (1961-1966) *va ser l'aposta del període per tal d'incorporar un públic lector nombrós al circuit literari valencià mitjançant la col·lecció de narracions breus (...)*. Va ser dirigida i creada per Nicolau Primitiu Gómez. La col·lecció adoptà una actitud eclèctica on hi ha escriptors de diverses generacions. Tenia per objectiu *"fer literatura amena, variada, econòmica i popular, a la fi d'alimentar eixa part del nostre poble més variada, més nombrosa, més nostra i menys complicada, perquè sense lectors no hi ha compradors no es poden editar llibres: això és clar"*. Només van aparèixer disset volums. Dins la llista d'escriptors que van col·laborar-hi es destaquen Enric Soler i Godes, Maria Ibars, Beatriu Civera, Francesc Codonyer i Bernat Garcia Aparici.

---

[18] PÉREZ MORAGON, Francesc, "Introducció" a *Paràboles i prou,* Bromera, 1995, p. 19.

[19] CARBÓ, Ferran / SIMBOR, Vicent, *La recuperació literària en la postguerra valenciana (1939-1972),* "Biblioteca Sanchis Guarner, 27", IUFV Publicacions de l'Abadia de Montserrat, 1993, p. 134.

[20] CARBÓ, Ferran / SIMBOR, Vicent, *La recuperació literària en la postguerra valenciana (1939-1972),* "Biblioteca Sanchis Guarner, 27", IUFV Publicacions de l'Abadia de Montserrat, 1993.

El 1961 Eduard Soleriestruch publicà dos reculls de narracions ***De la ingènua veritat*** i ***Contes sense fel***.

El 1962 ***Quan les aranyes filen*** de Bernat Garcia Aparici (Carlet, 1936), és un llibre de narracions molt ben rebut per la crítica[21].

El 1963 Jesús Ernest Martínez Ferrando (València 1891 - 1965) va publicar ***L'altre geperut i alguns contes més*** a l'editorial L'Estel.

El 1966, ***La gent que viu al món*** de Maria Beneyto.

El 1969, el llibre de Gaetà Huguet i Segarra titulat ***Els valencians de secà***, en què presenta diversos aspectes de la vida rural del Baix Maestrat que estaven a punt de desaparèixer[22].

La revista Gorg (1969-1972) va ser una revista mensual bibliogràfica que tingué un tiratge de 8000 exemplars, molt destacat per a l'època.

---

[21] Nota introductòria al conte 'Caterina' de GARCIA APARICI, Bernat aparegut a *El Conte del Diumenge* núm. 7, València, 1981.

[22] *Gran Enciclopedia de la Región Valenciana*, volum 5, p.269, València, 1973.

La producció literària dels autors que publiquen reculls de contes (1975-2000)

En aquest apartat s'esmenten els autors (data de naixença) que han escrit llibres de contes i tota la seua producció literària fins el 2000.

La dècada dels setanta

Abans de la mort del dictador Franco trobem dos autors, que són l'avantsala al període que estudiem:

Godofred Hernández Barreda (Alcàsser, 1902-?) que publicarà el recull ***El nostre món de cada dia*** (1973), i Jordi Valor i Serra (Alcoi, 1908-) que traurà a la llum un recull titulat ***De la muntanya i de vora mar*** (1975), tots dos encara en la línia costumista.

Joan Francesc Mira (1939) amb ***Els cucs de seda*** (1975) enceta aquesta època, l'obra va guanyar el premi de narrativa que havia instaurat recentment l'editorial d'Eliseu Climent i que significarà simbòlicament el tret d'eixida cap al revifament de la nostra literatura. L'autor havia publicat una novel·la titulada *El bou de foc* i fins aleshores també havia editat un llibre d'Antropologia i un llibre de gramàtica. Després ha escrit nombroses novel·les[23] i llibres d'assaig[24] i

---

[23] *El bou de foc*, L'Estel, València, 1974.
"El somriure dels dofins", L'Espill, 06, 07, 1980, (p.155-160).
El desig dels dies, Eliseu Climent, València,1981.
Viatge al final del fred, La Magrana, Barcelona, 1983.
Els treballs perduts, Eliseu Climent, València, 1989.
Borja Papa, Eliseu Climent, València, 1996.
Viatge al final del fred, Bromera,1998.

[24] *Un estudi d'antropologia social al País Valencià*, Ed. 62, Barcelona, 1974.
Els valencians i la terra, Eliseu Climent / 3i4, València, 1978.
Introducció a un país, Eliseu Climent / 3i4, València, 1980.
Població i llengua al País Valencià [sociolingüística], Institut Valencià d'Estudis i Investigació Alfons el Magnànim, València, 1981.
Crítica de la nació pura, Eliseu Climent / 3i4, València, 1984.
Punt de mira, Eliseu Climent, València, 1987.
Cultures, llengües, nacions, La Magrana, Barcelona, 1990.
València: guia particular (viatges), Barcanova, Barcelona, 1992.
Hèrcules i l'antropòleg, Eliseu Climent / 3i4, València, 1994.
Sense música ni pàtria, Germania, Alzira, 1995.
Sobre el nacionalisme, 1997
Sobre la nació dels valencians
Els sorolls humans, Bromera, Alzira, 1997.

un altre recull de contes literaris titulat ***Quatre qüestions d'amor*** (1998).

La dècada dels vuitanta

El primer llibre de contes publicat en la dècada és ***Històries marginals*** (1982) de Josep Lozano (1948) en aquesta dècada publicarà dos reculls, tots dos editats per Eliseu Climent, i ***Laodamia i altres contes*** (1986), abans va publicar un llibre de poesia, *Poemes home-terra* (1972), la seua obra, però més coneguda és *Crim de Germania* (1980) amb què va guanyar el premi Octubre - Andròmina de narrativa (1979), després va traure un conte editat a l'Ajuntament de Xàtiva titulat 'El Dia de la sang'; també té publicat un llibre de narrativa infantil *El Cavallet de cartró* (1984), la novel·la *Ribera* (1991) i l'obra de teatre *Ofidi* (1991). Ha realitzat traduccions del francès al català d'obres d'autors universals com Julien Green, Stendhal, Prosper Marimée o Gustave Flaubert, que han estat publicades a l'editorial Bromera. Per altra banda ha estat coguionista dels curtmetratges *Cascall* i *Les dents* (basat en la narracíó homònima del recull *Laodamia i altres contes*). I ha col·laborat en l'argument de la pel·lícula *Daniya* (de Carles Mira).

Manuel Joan i Arinyó (1956) va publicar dos reculls de contes a l'editorial valenciana Cingle: ***Gris*** (1984), i ***Tot en ordre*** (1985). L'autor, bastant prolífic, va començar la seua tasca literària amb poesia el 1981 (*Bateguen els desigs*), l'any següent va traure a llum un altre llibre de poesia *Crims* i un relat titulat *El Colp*, l'any 1983 es va editar un llibre seu de narrativa curta titulat *Han donat solta als assassins*, llibre que retocat i ampliat va publicar l'editorial Eliseu Climent el 1985 i etiquetat com a novel·la a la solapa de la contraportada; també l'any 1983 va veure editat dos llibres de poemes *Terra* i *Octosíl·labs dels més enllà*; L'any 1985 publica altres dos reculls, un publicat per l'Ajuntament d'Alzira *Coses de folls* i *Strees* per l'editorial El Llamp de Barcelona. El 1986 escriu una novel·la negra amb Joan-

---

Cap d'any a Huston, Texas, Eliseu Climent / 3i4, València, 1998.
València per a veïns i visitants, Bromera, Alzira, 1999.
Sobre ídols i tribus [assaig literari], Eliseu Climent / 3i4, València, 1999.
Els Borja : família i mite, Bromera, Alzira, 2000.

Francesc Bohiguis i Piris titulada *Soldada roja*. El 1987, un recull de narrativa publicada a Barcelona i titulada *Mateu, el fill d'en Marc*, el mateix any la novel·la *Diari de campanya: el fill d'en Marc a Prada*. La novel·la *En Tit-hola* el 1988. La novel·la *Les nits perfumades* l'any 1989. El llibre de poesia *Retaule* l'any 1989. L'any 1991 va editar un llibre de narrativa infantil titulat *Nadar i guardar la roba* i la novel·la *Com la flor blanca*. Publica el 1992 dos llibres de narrativa infantil *El Llop Cento i companyia* i *Llopcentilàndia mix*. L'any 1993 la novel·la juvenil *Nobel*. L'any 1994 va publicar dues novel·les *Contra sentit* i *Na desconeguda*. El 1995 la novel·la *Castell absent, una història d'amor*. El 1997 la novel·la juvenil *Linda i Roger*. També el 1998 una altra novel·la juvenil titulada *Que dur que és ser guapo!* I finalment l'any 1999 va editar una novel·la *El cas Torreforta* i un llibre de poesia *Plany de l'home llop: obra poètica completa*.

Encarna Sant-Celoni Verger (1959) publica ***Dotze contes i una nota necrològica*** (1985), a la Federació d'Entitats Culturals del País Valencià d'Estivella. El 1984 havia publicat a l'Ajuntament d'Alaquàs l'obra *La primera missiva, mais ce n'est pas la dernière*, després va publicar una altra obra de narrativa curta *Defugis* (1986) a la Fundació Cultural de Tavernes de la Valldigna i la novel·la *Siamangorina* (1986) a l'Ajuntament de Gandia, i encara el llibre de narrativa breu (potser és un conte) *Númen entre els escacs* (1987) a Benissa. A partir de llavors publica tres llibres de poesia *Sènia de petits vicis* (1989), *Arran de pantomima* (1991) i *Dèria i fal·lera* (1996).

Beatriu Civera (1914-1995) va publicar el recull de contes ***Confidencial*** (1986) a l'editorial Gregal. També ha editat tres biografies: la de l'organista Cavanilles, la de l'erudit d'Oliva, Gregori Maians, i la del pintor Vicent López. Va traure també al mercat dues novel·les, a l'editorial Sicània, *Entre el cel i la terra* (1956) i *Una dona com una altra* (1961) i diverses narracions a revistes de València i de Barcelona. També va guanyar el premi Joan Senent de València amb la novel·la, per ara inèdita, titulada *La crida indefugible* i finalment també un altre recull de contes *Vides alienes* (1975) a l'editorial Selecta de Barcelona que va guanyar el premi Víctor Català de l'any 1974.

Josep Franco i Martínez (1955) va publicar ***Antropologia parcial*** (1986), a l'editorial d'Eliseu Climent. És un escriptor molt prolífic, ha escrit principalment novel·les: *Calidoscopi* (1983), *La molt estranya vida de Pere Milà* (1983), *Som irrepetibles* (1987), *El misteri de l'aigua* (1984), *Cendres de seductor* (1987), *Aldebaran* (1988), *Rapsòdia* (1992), *Manuscrit de mossèn Gerra* (1993), *L'enviat* (1996), *Les potències de l'ànima* (1997), d'altres dirigides al públic juvenil: *El misteri de l'aigua* (1984), *L'últim roder* (1986), *La sal* (1988), *Anàdia, la ciutat submergida* (1996), també té narrativa breu dirigida al públic infantil com *Ulisses* (1987), *La ciutat sumergida* (1991), *Quatre històries d'animals* (1992). Ha vist representades dues obres de teatre: *Ambitvalència* (1996) i *L'enviat* (1997), ha guanyat diferents premis literaris i també ha publicat llibres d'ensenyament i crítiques, llibres col·lectius, catàlegs de pintors etc.

Cristòfor Martí i Adell (1940) autor que ha publicat diversos gèneres: un llibre de contes titulat ***La Roda de la Fortuna*** (1986), a l'Editorial Bonaire, en va publicar un altre titulat *Babel, Babel* (1988) a l'Ajuntament de Xàtiva, una biografia, *La Llarga guerra de M.B.* (1992), i les narracions dirigides al públic juvenil *El regal més bonic* (1998) *Contes de l'horta* (1999) i *La vera fortuna de J. Xarpa* (2000), també ha vist portat al cinema una de les seues narracions del recull *Babel, Babel* titulada 'L'home de la nevera', ha guanyat el premi Empar de Lanuza de narrativa infantil de 1987, i ha participat en obres col·lectives *Viatge a l'illa* (1982), *Homenatge dels escriptors al professor Manuel Sanchis Guarner* (1986) i *Noves narracions extraordinàries* (1995). I finalment ha publicat la seua tesi doctoral *Mistral, Llorente, les relacions occitano-valencianes en la Renaixença* (1992).

Josep Gregori (1959), va publicar el recull ***Tirar les cartes*** (1986) a l'editorial Bromera; narratives dirigides al públic infantil *Un pare despistat* (1996), i *Tereseta la bruixeta* (1991). Pel que fa a la novel·la n'ha editat dues que van guanyar el premi 'Ciutat de València' *Romànica ficció* (1985) i *La claredat incerta de l'alba* (1989), i les de temàtica juvenil *Un segrest per tot el morro* (1989), *Invasió* (1997) i *Moguda a la biblioteca* (1998).

Bernat Capó (1928) és autor del recull ***Cronicó de sisé*** (1987), publicat a l'editorial valenciana Almudín S.A. Ha escrit llibres de temàtica popular i de costums, així tenim *Estampes pobletanes* (1978) i *Costumari valencià* (dos volums) (1992-1994), és autor de la novel·la *La Criminala* (1986), de narrativa de viatges *Espigolant pel rostoll morisc* (1980), narratives curtes com *Rèquiem per una amistat* (1980), *El rossinyol del pou d'avall* (1984), *El cant de l'alosa* (1986), *El marabut arrossaire* (1987), *El Teuladí utòpic* (1990), *On ets, Gigi?* (1992), *Pleniluni* (1993), *Anna i la sirena* (1998).

Vicent Escrivà (1948), que publica el recull ***Narracions de Macolim*** (1987) a l'editorial Gregal, ha editat diversos reculls dirigits al públic juvenil[25], i també a l'editorial Gregal la novel·la juvenil *Boku* (1988), de poesia el llibre titulat *Paradís d'enlloc* (1985) a Alcoi, i destinat a l'ensenyament ha tret diferents volums: textos, lectures i antologies.

Tomàs Belaire (1960), va publicar dos reculls a l'editorial d'Eliseu Climent ***Crims* relatius** (1988) i ***Els penitents*** (1991). Ara bé, ja n'havia escrit i publicat per l'Ajuntament de Catarroja un altre, de recull, titulat *Els Habitants de la tragèdia* (1986), després ha tret al públic dues novel·les, una és premi Joanot Martorell de narrativa de Gandia de 1992, titulada *El perseguidor d'ombres* (1993), publicada per Edicions 62 dins la seua col·lecció 'El balancí'. I la segona dirigida al públic juvenil titulada *El laberint de les tres corones* (1993) publicada per l'editorial Tabarca.

Vicent-Josep Escartí (1964) publica ***Barroca mort*** (1988), a l'editorial Bromera, un llibre que consta de dos relats breus, al límit entre el conte i la novel·la curta. La seua creació literària se centra en el món de la narrativa. Entre els contes que ha publicat caldria destacar 'Hortus

---

[25] *El primpríncep Hussein i altres narracions*. Gandia: Ajuntament, 1984.
El collar maragdí del rei Hussein. València: Ed. del Bullent, 1984.
L'obrecartes i dotze contes de vint minuts. València: Gregal, 1988.
El viatge contra l'horitzó. València: Ed. del Bullent, 1988.
Història de Vilafartera. Alzira: Bromera, 1997.

inconclusus' (1991), 'L'epístola XXXIII' (1992), 'Els Borja' (1994), 'La perspectiva del rei' (1994), 'Del dietari d'exili' (1995) i 'Vent de juliol' (1998). Com a novel·lista compta amb tres publicacions, totes elles premiades: *Dies d'ira* (1992), *Els cabells d'Absalom* (1994) i *Espècies perdudes* (1996). També ha publicat el llibre d'assaig *Memòria privada. Literatura memorialística valenciana dels segles XV al XVIII*, (1998) és autor de la introducció, selecció i transcripció de l'obra *Melcior Miralles: dietari del capellà d'Alfons el Magnànim*. I coautor, amb Albert Hauff, de l'edició crítica del *Tirant lo Blanc.*

Joan Calduch i Gaspar Jaen publiquen ***Un palau d'hivern*** (1988), a l'editorial Eliseu Climent. Joan Calduch (1950) ha dut a terme, com a arquitecte, projectes i estudis urbanístics sobre la ciutat d'Alacant, fet fonamental per comprendre la naturalesa d'aquesta incursió de Calduch al camp literari. Entre la producció de Gaspar Jaen (1952), podem fer esment, en primer lloc, dels següents treballs d'investigació: *L'ordenació territorial del País Valencià* (1976), *Guia d'arquitectura d'Elx* (1978), *Qüestions territorials al País Valencià* (1979), el primer volum (de quatre) de *Guia de l'Arquitectura i l'Urbanisme de la ciutat d'Elx* (1989), *La Glorieta d'Elx* (1991), o *Les palmeres del migjorn valencià* (1994). En tots els casos, el motiu del País Valencià o, més concretament, de la seua ciutat natal, Elx, hi apareix com un *topos* recurrent. En segon lloc, pel que fa a la seua producció literària, cal destacar-ne el vessant poètic i el narrador. Com a poeta ha publicat els poemaris *Cadells de la fosca trencada* (1976), *Per a saber d'amor* (1979-84), *Cambra de mapes* (1982), *La Festa* (1983), *Amantis amato eius obliviscenti epistula* (1986-1987), *Fragments* (1991), *Del temps present* (1998) i *Pòntiques* (2000). Com a narrador, ha publicat *Àngels d'algeps al corredor de l'Orgue* (1978), *Llibre de la Festa d'Elx* (1984, amb fotografies d'Andreu Castillejos), i *Un palau d'hivern* (1988, junt amb Joan Calduch). Entre els nombrosos premis que ha rebut, destaquen les distincions de Mestre en gai saber (1996) i els premis Vicent Andrés Estellés dels Octubre (1991), l'homònim de Burjassot (1997), o el Jaume I d'Actuació Cívica Catalana de la Fundació Jaume I de Barcelona (1988).

Albert Hernàndez i Xulvi (1942) publica ***L'Antic desig*** (1989), a l'editorial L'Esquer de Tavernes Blanques, que no sé si és una sola narració o un recull i que és l'únic llibre de contes seu publicat a una editorial valenciana. La seua tasca literària (contes, novel·les, poesia, teatre) ha estat molt prolífica, diversa i publicada en diferents entitats i editorials de fora del País Valencià, excepte l'esmentada anteriorment, així ha publicat *Aquell paisatge d'agost* (1988) a l'Ajuntament de Catarroja, *La síndrome i altres històries* (1989), a la Generalitat Valenciana, la novel·la *Dafne, l'última nuesa* (1990) a l'editorial Bullent, un recull de contes titulat *Afanya't, afanya't!!!* (1991) a l'Ajuntament de Sollana, la novel·la finalista del Premi Prudenci Bertrana *No mireu per l'ull del pany* (1991) a l'editorial Pagés de Lleida on també publica el recull de contes titulat *Silenci... es grava* (1992) i la novel·la *L'últim somni* (1994), el llibre de narrativa *Presagi* (1995) a l'Ajuntament de Mislata, el llibre de narrativa breu *Històries inquietants* (1996) també a l'editorial Pagés de Lleida, les narracions infantils o juvenils *El capità Pèrtil* (1990) a l'editorial Camacuc, *Toli, el gosset invisible* (1994) a l'editorial Marfil d'Alcoi, *Estiu a l'Albufera* (1996), *El Tio Rajola* (1996), *El Senyor del castell* (1998) tots tres a l'editorial comercial Denes de Paiporta, relats solts com *La tempesta del desert* (1995) i *Ruta destroyer*, aquest últim aparegut en una antologia de gènere negre; i en l'antologia d'autors valencians *Noves narracions extraordinàries* (1995), el relat 'L'aposta'. És un dels autors inclosos en una antologia de microcontes eròtics amb el conte 'El nom en l'arena'. Com a autor teatral publica *L'àtic* (1995), obra que estrena amb el grup teatral Deliri. Així mateix, estrena una segona obra juvenil: *El robot Cabot i els éssers del planeta Fum Blanc* (1988). Cal ressenyar, també, el seu poemari *Les branques de l'om fosc* (1999) i el poema "Mitjans de gener", amb el qual participa en el llibre *Contra la guerra*.

Josep Rausell (1926) publica ***Contes del bon oratge*** (1990) a l'editorial Colomar d'Oliva. Anteriorment havia publicat la novel·la *La guerra comença ara* (1978) a l'editorial d'Eliseu Climent, l'any 1980 es presentà al tercer premi de contes "Malvarrosa", on obtingué un accèsit, va editar el conte 'El Canó' a l'editorial Prometeo dins la col·lecció 'El conte del diumenge', inclogué en *La Veu de*

Xàtiva (23-III-1982) la seua narració "El fàstic", després va publicar "Verges potentíssimes" (1985) i "L'allau zero" (1986) a *Els papers del Tanocomi* (publicació de la cafeteria Tano de Gandia) i finalment publicà al llibre de *Fira i Festes. Gandia 1987*, on envià el conte "La fira? A mi se me'n fot!

Josep-Lluís Seguí Rico (1945) publica el recull de contes ***València roig & negre*** (1990) a l'editorial Bromera. És autor de moltes obres, generalment narratives, així altres obres de narrativa curta que ha publicat són *Fulls de recanvi* (1979) (amb altres autors) a la "Col·lecció: Premi Malvarrosa", editorial Prometeo; *Quadre de cavalls i altres narracions* (1979 o 1980), a la "Col·lecció El balancí" d'Edicions 62 de Barcelona; el conte 'Una gran dormida' (1981), a la "Col·lecció: El conte del diumenge", a l'editorial Prometeo de València. Més d'una quinzena de novel·les[26] (algunes juvenils), ha publicat tres llibres de poesia *Teoria de l'immor(t)al*, (1981) "Col·lecció: Fuentearnera",

---

[26] *Espai d'un ritual*, "Col·lecció: La unitat", Eliseu Climent / 3i4, València: 1978.
Diari de bordell, "Col·lecció: La sonrisa vertical", Tusquets, Barcelona: 1979.
De màscares negres, "Col·lecció: Taberna de Cimbeles", L'Esquer, Tavernes Blanques, 1979.
Projecte per a destruccions, "Col·lecció: La unitat", Eliseu Climent / 3i4, València, 1980.
*M*** o un assaig de llibertina*, "Col·lecció: Les ales esteses", La Magrana, Barcelona, 1981.
Biografia de J.-L., "Col·lecció: El balancí" - "Col·lecció: Grans premis catalans", Edicions 62, Barcelona, 1983 – 1988.
La gola del llop (amb Ferran Torrent Llorca), "Col·lecció: Miratges", Bullent, Picanya, 1996.
Editorial: Bullent. Picanya, 1991.
Editorial: Federació d'Entitats Culturals del País Valencià. Picanya, 1986 o 1983.
Col·lecció: Papers erosius.
Comèdia, "**Col·lecció:** El balancí", Edicions 62, Barcelona, 1984 (o 1985).
Cuit a foc lent, "Col·lecció: Gregal literària", Consorci d'Editors Valencians, S.A. (Gregal), València, 1985.
El segrest de Xico Black [juvenil], Gregal, València, 1986.
Rosa Vermell, detectiva privada, Bromera, Alzira, 1989.
Rosa Vermell i l'amant que arribà de l'est, Bromera, Alzira, 1993.
Una eixida, Sam. Bromera, Alzira, 1998.
Les tribulacions de Rosa Vermell, Bromera, Alzira, 1998.
El laberint de l'home llop [juvenil], "Col·lecció: Nómadas, núm. 4", Edebé, Barcelona, 1999.
Maghica. Alcoi: Marfil, 1999.

L'Esquer, Tavernes Blanques, *Història en ella*, (1982) "Col·lecció: Quaderns de la font del cargol", Oikos-Tau, Vilassar de Mar, 1982, i *La Boca del llop* (1983), "Col·lecció: Papers erosius", El Mall, Barcelona. De teatre ha editat dues obres *Escenes obscenes d'un espill de dones* (amb Josep Gandia Casimiro) (1983), "Col·lecció: Teatre 3i4", Eliseu Climent / 3i4, València, que va ser representada per la companyia Teatre Estable del País Valencià, a la Sala Escalante de València el 1981 i *Les opinions d'un il·lús* (1985), "Col·lecció: Ciutat de València", Fernando Torres, València. Ha publicat també un llibre d'assaig *Cartes d'amor* (1982), a l'editorial Èczema de Sabadell; De prosa poètica ha editat el llibre *Introducció al cos* (1982) a l'editorial El Mall de Barcelona i a la Cingle de València. També va veure representada la seua obra teatral *Ballant ballant* (1996) per la companyia El Micalet. Ha escrit diversos guions per al cinema i ha publicat també obres escrites en castellà, ha obtingut molts premis literaris, ha traduït obres escrites en anglès i en francès, ha format part del col·lectiu literari 'Ofèlia Dracs'. Part de la seua obra ha estat traduïda al castellà.

Maria Fullana (1958) publicà ***Contes feiners*** (1990) a l'editorial dirigida per Eliseu Climent. També és autora de *Joc de dames* (1992) publicada a Barcelona. I de narrativa infantil: *Bon viatge fa la Cadernera* (1995). Principalment és autora de poesia, en aquest àmbit ha publicat els poemaris *Cants mimètics*[27] (1986), *I escadussers* (1987), *Blues*[28] (1989) i *Ícara* (1990). Ha participat en les obres col·lectives *Premis de poesia Senyoriu d'Ausiàs Marc* (1997), i *Microsexe* (1998).

La dècada dels noranta

Carles Llorca i Timoner (1925-1996) en va publicar dos reculls: ***Antoni Miró i els desgavells del Mas de la Sopalma*** (1993) a l'editorial Dahiz de València, i ***El capità Caliu i altres contes mariners*** (1995) a l'editorial Colomar d'Oliva, amb el qual fou finalista del Premi Joanot Martorell de 1990 i guanyador del Premi de Narració Breu de l'Associació Països Catalans - Solstici d'Estiu de Badalona de 1991. Durant els anys anteriors va escriure la primera

[27] Premi de poesia Manel Rodríguez (Alcoi, 1986).
[28] Premi Senyoriu d'Ausiàs March (Beniarjó, 1997).

versió de la novel·la *Les llances imperials* (la segona versió de la qual quedaria inacabada a causa de la seua mort), i *Aeroport d'Elx*.

Joaquim Gonzàlez i Caturla (1951) és autor de dos, publicats el 1996, a l'editorial Bromera i a la col·lecció L'Eclèctica ***Els colors de la solitud,*** -on dos dels contes que s'inclouen han rebut els Premis Narrativa Breu de Mislata i Felip Ramis de la Vila Joiosa- i ***Les Quatre Edats d'Eros*** -que obtingué el Premi la Vall d'Albaida de literatura eròtica de 1995. Ha desenvolupat una activitat constant de recuperació de la tradició rondallística pròpia, així tenim les seues compilacions de narracions populars *Rondalles de l'Alacantí* (1985) i *Rondalles del Baix Vinalopó* (1987). Com a escriptor de creació ha conreat el gènere de la narrativa, des de les més diverses perspectives: narrativa poètica (*Un estiu amb flora*, 1989), narrativa infantil (*La cova del llop marí*, 1989; *Julieta i el caragol màgic*, 1993 -obra guardonada amb el Premi de Narrativa Infantil Empar de Lanuza de 1992), narrativa juvenil (*Tot l'estiu per davant*, 1992), narrativa breu (l'esmentat *Els colors de la solitud*), o narrativa de tema eròtic (*Les quatre edats d'Eros*). A més a més, darrerament ha col·laborat en revistes com *Quaderns de migjorn* (1993-98) o *Canelobre* (1997), ha participat en el llibre col·lectiu *Microsexe* (1998) -un recull de contes eròtics breus- i ha publicat el llibre sobre cultura popular *Història de la vida quotidiana* (1998).

Vicent Penya i Calatayud (1961) va publicar el 1996 un recull titulat ***Els somnis possibles,*** a l'editorial Germania d'Alzira, col·lecció Xúquer. Ha conreat gèneres diversos. Principalment, però, Vicent Penya és autor de prosa. A aquest camp pertanyen la novel·la *Helena* (1995), el recull esmentat i el conte de temàtica infantil *Mireieta busca les notes* (1998). A més, també s'ha dedicat a la poesia. Ha publicat els poemaris *Retorn de res* (1996), *Desig de terra* (1998, guardonat amb el Premi Agustí Bartra) i *Sense un punt de record* (1998). A més, Vicent Penya és membre del col·lectiu d'escriptors "Alba M.", junt amb el qual ha escrit la novel·la *Jo també la vaig conèixer* i altres articles periodístics. Cal fer esment, així mateix, de la seua activitat en diverses publicacions periòdiques: és col·laborador habitual (amb articles d'opinió, crítiques literàries, relats o poemes) de revistes com *Saó*, *El Periòdic de l'Horta* o *Levante*; és director (junt amb Manel Alonso) de les revistes de literatura *L'Aljamia* (des de 1991) i *Quaderns de Rafalell* (des de 1994); a més, forma part del consell de redacció de la revista *Abalorio* i del consell assessor d'*El nou conte del Diumenge*.

Pau Joan Hernàndez (1967) va publicar ***Una selva al replà*** (1992) a l'editorial Bromera d'Alzira. La seua producció ha estat majoritàriament novel·la juvenil i infantil[29] i dues obres poètiques *Joc de daus* (Barcelona: Columna, 1988) i *Camarades grecs* (Barcelona: Columna, 1991). Ha obtingut diversos premis literaris[30].

Josep Palomero Almela (1953) publica el recull ***Ball de màscares***[31] a la col·lecció La farga de l'editorial Bullent de Picanya, l'any 1992. Ha estat col·laborador de diverses publicacions periòdiques, amb articles sobre didàctica, ensenyament o crítica literària, entre d'altres temes. Ha escrit també algunes monografies locals. Així mateix, és coautor d'una gran quantitat de llibres de text de Llengua i Literatura valencianes. A més, ha portat a terme diverses traduccions, ha editat i comentat obres de teatre de Joan A. Gil Albors i de P. Burguera, i ha escrit guions per a sèries de televisió[32]. Com a escriptor de creació, ha conreat el gènere de la poesia: *Innocents de pagana decadència* (1978),

---

[29] *Tot et serà pres*. Barcelona: Empúries, 1986 [juvenil]
SOS a sis mil metres. Barcelona: La Galera, 1986 [juvenil]
Porta falsa. Barcelona: Empúries, 1987 [juvenil]
Història fosca. Barcelona: Pòrtic, 1991 [juvenil]
El projecte Ictivela. Barcelona: Pòrtic, 1992 [juvenil]
Cordada de rescat. Barcelona: Columna, 1993 [juvenil]
Aterratge a Ostadar. Barcelona: La Galera, 1993 [infantil]
Quan el cerç bufa al migdia. Barcelona: Empúries, 1995 [juvenil]
El problema amb els ferivals. Barcelona: L'Arca de Junior, 1996 [infantil]
L'ombra del Stuka. Barcelona: Empúries, 1998
Els cosacs de l'autopista. Barcelona: Empúries, 2000 [juvenil]

[30] Martí Dot, 1987: *Joc de daus*. Enric Valor de novel·la, 1987: *Horts de porteria*. Crítica Serra d'Or de creació juvenil, 1999: *L'ombra del Stuka*. Premis Literaris de Girona-Ramon Muntaner de literatura juvenil, 2000: *El pic de la dama morta*. Institució de les Lletres Catalanes de literatura infantil i juvenil, 2000: *L'ombra del Stuka*.

[31] Inclou les narracions, que ja havien estat publicades, *Els hòmens i els dies* i la segona edició corregida d'*El pianista de jazz*, *El cas 2187/76* i *Mans de lavanda*.

[32] *Antoni Josep Cavanilles*. Televisió: Canal 9 TVV, 1994.
El marqués del Campo. Televisió: Canal 9 TVV, 1994.

Crònica carnal (1980), *Quaderns de bitàcola* (1986), *Campanya electoral de Nicaragua*[33] (1993), o *La rosa dels vents* (1997). Tanmateix, és com a narrador que desenvolupa el gros de la seua producció. És autor d'obres de temàtica juvenil (*El col·leccionista*, 1979, *El col·leccionista de botons*, 1992) o infantil (*El pardalet sabut i el rei descregut*, 1982; *La font d'en Galceran*, 1989; *Vuit contes i mig*, 1993). És autor de novel·les històriques com ara *Els secrets de Meissen*[34] (1994) o *El tatuatge dels apàtrides* (1997). La trajectòria literària de Josep Palomero està farcida de reconeixements en forma de premis[35] que acrediten tant la seua obra narrativa com poètica. Entre aquests guardons, en podem fer esment del Premi dels Escriptors Valencians (1994) o del Ciutat d'Alzira (1996). Ha escrit obres en altres llengües[36].

Vicent Borràs (1962) el 1996 publica ***Sala d'espera***. *Quan plou a l'ascensor, gotegen els silencis*, que va ser Premi Modest Sabaté de la Vila de Perpinyà del mateix any, a l'editorial Bromera Llibres del Trabucaire. Ha col·laborat en diverses publicacions periòdiques, com ara, El Temps, La Rella o L'Illa. A més, és membre del Consell Assessor de l'editorial Bromera, i del Consell de Redacció de la revista L'Illa. També s'ha ocupat de realitzar les introduccions a

---

[33] Llibre-catàleg que reprodueix l'exposició itinerant L'Amèrica Viva, produïda per la Comissió Valenciana del Vé Centenari del Descobriment d'Amèrica i l'Encontre entre dos Mons, i que consta de tres col·leccions de fotografies sobre Amèrica Llatina: Francesc Jarque (el món andí), Rafael de Luis (l'Havana) i José Garcia Poveda (la campanya electoral de Nicaragua), comentades, respectivament, amb versos de Javier Lentini, Josep Fèlix Escudero i Josep Palomero.
Editorial: Generalitat Valenciana. València, 1993.

[34] Obra amb adaptació cinematogràfica, titulada *El secreto de porcelana*, produïda per TVE i la Generalitat Valenciana, i dirigida per Roberto Bodegas.

[35] Festes Pompeu Fabra de Cantonigròs, 1976: *Innocents de pagana decadència*
Ciutat de València-Jordi de Sant Jordi de poesia, 1980: *Crònica carnal*
Tirant lo Blanch de la Diputació de València, 1982: *El pardalet sabut i el rei descregut*
Ciutat de València-Malvarrosa de narració curta, 1983: *El pianista de jazz*
València de Literatura, 1993: *Els secrets de Meissen*
Crítica dels Escriptors Valencians de narrativa, 1995: *Els secrets de Meissen*
Ciutat d'Alzira de novel·la, 1996: *El tatuatge dels apàtrides*

[36] *Una untada de mostaza*, 1972 [poesia; castellà]
El secreto de la porcelana, 1999 [guió de ficció; castellà]

algunes obres d'autors actuals, com ara *Barraca mort* de Vicent Escartí, *Ribera* de Josep Lozano i *El soldat desconegut* de Miquel Ferrà. Ha publicat les novel·les *Notes finals*[37] i *L'últim tren*[38].

Isabel-Clara Simó (1943) publicà el recull ***Dones*** a l'editorial Columna (1997) i Bromera (1998). La seua extensa obra[39] es publica majoritàriament a Barcelona i ha conreat sobretot la narrativa. Col·laboradora habitual d'*El periódico de Cataluña* des d'octubre de 1997. A més, ha col·laborat en molts altres mitjans gràfics: *Avui*, *Diari de Barcelona*, *Horizont* (de Berlín), *A Nosa Terra* (a Galícia), *El Temps* (de València) o *Serra d'Or*. Així mateix, és directora de les publicacions *Canigó* i *El 29*. Com a escriptora, és autora de títols força destacats en l'àmbit de la literatura catalana actual. Conrea el gènere de la narrativa curta i,

---

[37] Editorial Bromera, Alzira, 1999, "Col·lecció l'Eclèctica", núm. 62, 172 ps.
[38] Editorial Bromera, Alzira, 2001, "Col·lecció 'L'Eclèctica", núm. 74, 200 ps.
[39] NARRATIVA CURTA: *És quan miro que hi veig clar* (1979), *Bresca* (1985), *Alcoi - Nova York* (1987), *Perfils cruels* (1995), *Històries perverses* (1992), *Plaer de Dona i altres contes* (1995), *Dones* (1997), *Contes d'Isabel* (1999), *En Jordi i la sargantana* (1999) [conte infantil], *T'imagines la vida sense ell?* (2000).
NOVEL·LES: *Júlia* (1983), *Ídols* (1985), *T'estimo, Marta* (1983), *El secret d'en Toni Trull* (1986) [juvenil], *El Mossèn* (1987), *La veïna* (1990) [novel·la negra], *Els ulls de Clídice* (1990), *Una ombra fosca, com un núvol de tempesta* (1991) [novel·la negra], *La Nati* (1991) [novel·la negra], *El Mas del Diable* (1992), *Raquel* (1992) [novel·la juvenil], *La Salvatge* (1994), *La Innocent* (1995) [novel·la negra], *Joel* (1996) [novel·la juvenil], *El professor de música* (1998), *De nom, Emili* (1998) [novel·la juvenil], *El gust amarg de la cervesa* (1999).
ASSAIG: *Món de Toni Miró* (1989).
POESIA: *ABCDARI* (1995).
PROSA NO DE FICCIÓ: *Carta al meu nét. Sobre el nacionalisme* (2000).
CINEMA: *Dones* [Filmografia], Basada en l'obra del mateix títol, Guió: Jordi Cadena, Direcció Judith Colell, 2000.
TEATRE: *... I Nora obrí la porta*. Barcelona: Revista Entreacte, 1990.
OBRES DRAMÀTIQUES REPRESENTADES: *Dona i Catalunya*. Institut Francès, 1982. *Dones*. Mite-les, Barcelona: Teatre Regina, 1999.
GUIONS DE FICCIÓ DIFOSOS: *El mossèn*. Ràdio: Catalunya Ràdio, 1988. *El braçalet*. Ràdio: Catalunya Ràdio, 1989. *La granja* (amb Altres autors). Televisió: DCO i TV3, 1989-1990. *La ràdio i el cotxe*. Ràdio: Catalunya Ràdio, 1993. *Dones*. Cinema: ., 2000.
PREMIS LITERARIS: Víctor Català, 1978: *És quan miro que hi veig clar*. Crítica del País Valencià, 1985: *Ídols*. Crítica Serra d'Or, 1993: *Històries perverses*. Sant Jordi, 1993: *La salvatge*. Ciutat de València, 1995: *La innocent*. Crítica dels Escriptors Valencians de narrativa, 1999: *El professor de música*.

especialment, de la novel·la. Algunes de les seues novel·les estan orientades a un públic juvenil; entre aquestes, n'hi ha de molt èxit editorial. També ha conreat la novel·la de gènere, concretament la novel·la negra. Junt amb la seua producció de narrativa en general, és també autora d'un poemari. Aquesta obra ha fet d'Isabel-Clara Simó una autora de renom arreu dels Països Catalans. Les seues novel·les s'han convertit en autèntics *best-sellers*, amb una acceptació indubtable entre el gran públic, com ho demostren les nombroses edicions i les traduccions a diverses llengües (fins i tot a l'holandés, al suec o al turc) que se n'han fetes. Tot açò és indicatiu que estem parlant d'una de les figures més representatives no sols de l'àmbit de les lletres valencianes actuals, sinó també de l'àmbit cultural de tots els Països Catalans. Cal remarcar la seua dimensió cívica i social, que es palesa en les diferents distincions que ha rebut al llarg de la seua trajectòria, de les quals podem destacar la nominació de Representant de Catalunya a les Nacions Unides en nom dels Consells Mundials de la Pau (Viena, 1985), o de Membre del Consell Ciutadà del Fòrum Universal de les Cultures –Barcelona 2004 (1997).

Ramon Guillem (1959) va publicar el recull de relats ***Ahir van ploure granotes*** el 1997 a l'editorial Bromera d'Alzira, amb què va guanyar el premi Salvador Espriu, 1996. Els seus primers escrits publicats són poemes en castellà que aparegueren l´any 1979 a la *Nueva Revista de Literatura* editada per la Universitat de València, i en la qual hi figurava com a membre del consell de redacció. L´any 1980 apareix el seu primer llibre de poemes: *Primera Ausencia* que edita la Facultat de Filologia. Els primers poemes en català apareixen a la revista de literatura *La pipa de Kif* l´any 1984 que sota el títol "Així com cell qui.n lo somni es delita" suposaven un avanç del llibre *D´on gran desig s´engendra*, que posteriorment resultaria guanyador del premi Vila d´Alaquàs 1984. D´aleshores ençà la seua obra ha seguit pels camins de la poesia[40], encara que ha

---

[40] *L´hivern remot,* València, Gregal, 1987.
Les ombres seduïdes, Alzira, Bromera, 1990.
Aiguamolls, Mislata, Ajuntament, 1991. Premi Literatura Breu.
Terra d'aigua, Barcelona, ed. 62, 1993. Pròleg de Xulio Ricardo Trigo. Premi Ausiàs March, Premi de la Crítica Serra d´Or, Premi dels Escriptors Valencians.

publicat també diversos llibres en prosa. Va formar part del consell de redacció de la revista de literatura *Daina* (1986-1994). És impulsor dels Premis Samaruc de l´Associació de Bibliotecaris Valencians, concedits als millors llibres de literatura infantil i juvenil en llengua catalana del País Valencià, i dels Premis de la Crítica dels Escriptors Valencians, concedits per l´Associació d'Escriptors en Llengua Catalana. Ha publicat també llibres de narracions dirigits al públic infantil[41], prosa no de ficció[42], assaig[43] i antologies[44].

Josep Mª Morreres (1952) natural de Barcelona va guanyar el Premi de Narrativa Eròtica La Vall d'Albaida, l'any 1994, amb l'obra ***Cinc lais. Eròtica cavalleresca*** publicada el 1995 a la col·lecció l'Eclèctica de l'editorial Bromera d'Alzira. Posteriorment ha publicat altres obres de narrativa breu[45]. Pel que fa a la novel·la n'ha publicat tres, dos juvenils i una altra catalogada d'eròtica[46].

L´íntima realitat (Antologia, 1981-1996), València (o Alzira?), ed. 7iMig, 1998. Inclou el text "Sobre poesia i la pròpia poesia" de l´autor.

Solatge de sols. Alzira: Bromera, 1999.

[41] *El país dels dos sols*, Bromera, Alzira, 1992.

Aventures a la cort del rei Punt, Edelvives, València (o Saragossa , 1999?), 1998, "Col·lecció Ala Delta".

[42] *La cambra insomne* [dietari], València: Eliseu Climent / 3i4, 1992, Premi Antoni Bru de l´Ajuntament d´Elx.

[43] *La tasca valencianista de Pasqual Asins i Lerma,* Catarroja, Ajuntament, 1984. Premi d´Investigació Històrica i Literària Pelegrí Lluís Llorens i Raga. Pròleg d´Adolf Pizcueta.

[44] *L´Espai del Vers Jove.* Generalitat Valenciana, 1985.

Ser del segle. Antologia dels nous poetes catalans. A cura de David Castillo. Barcelona, Empúries, 1989.

Camp de mines. Poesia catalana del País Valencià 1980-1990. A cura de Francesc Calafat. València, edicions de la Guerra, 1990.

Noves narracions extraordinàries. València, Rotgle edicions, 1995.

Bengales en la fosca. Antologia de la poesia valenciana del segle XX. A cura de Josep Palomero. Alzira, Bromera, 1997.

[45] *La decisió* [narrativa breu], La Magrana, Barcelona, 1996.

Deixem-ho aquí [narrativa breu, infantil], Alfaguara - Grup Promotor, Barcelona, 1999.

A la recerca d'Angèlica [narrativa breu], Tabarca, València, 2000. (Finalista del Premi Ciutat de Torrent, 1999)

L'ombra a la paret (Premi Goleta i Bergantí)

Sense malícia [narrativa breu], Bromera, Alzira, 2001. (IX Premi "Vila de Teulada" de narrativa breu, 2000)

[46] *Gaudeamus Igitur* [novel·la eròtica], Pòrtic, Barcelona, 1990. (va obtenir el premi literari La Piga de la Viuda Reposada, 1989)

El laberint d'Adriana [novel·la juvenil], Tabarca, Alzira, 1998.

Més enllà de Chiapas (1999). (Premi Gran Angular, 1998)

Elies Barberà (1970) publica ***Quaranta contes breus i un llarguíssim poema d'amor*** (1999), a la col·lecció Quaderns literaris, núm. 13 de l'editorial 7 i mig de Benicull de Xuquer, l'obra va ser Premi de Narrativa Ciutat de Vila-real 1999. És el seu primer llibre publicat. L'autor ha escrit també diversos poemes publicats en revistes esparses.

Àlan Greus (1967) publica ***Relats de la creença*** (1999) a l'editorial Bromera d'Alzira, obra que va rebre el premi de la Nit Literària Andorrana - Sant Carles Borromeu de contes i narracions de 1997. També n'ha publicat un altre recull a Barcelona[47]. Pel que fa a novel·la n'ha publicat dos de juvenils[48].

Bienve Moya l'any 1999 publica ***Llegendes urbanes i narracions suburbials*** a l'editorial Marfil d'Alcoi. Anteriorment havia escrit narrativa breu dirigida al públic infantil i juvenil[49], obres d'assaig[50], de teatre[51], de folklore[52], de llegendes i rondalles[53], un guió de ficció radiofònic[54] i darrerament una novel·la[55].

Pell bruna [novel·la juvenil], La Galera, Barcelona, 2000.

[47] 'Sol d'hivern i altres narracions', Editorial Proa, Barcelona, desembre 2000.

[48] *L'amulet egipci*, Bromera, Alzira, 1997 "Col·lecció: Espurna", núm. 28, 144 pàgs. Premi Bancaixa de Narrativa Juvenil 1996.
L'art de Raimon, Ed. del Bullent, Picanya, 1998, Col·lecció: Esplai. (Premi Enric Valor de novel·la, 1997)

[49] *Pol·len vol estimar* [infantil], La Galera, Barcelona, 1968 (o 1971).
En Maginet "tap de bassa" [infantil], La Galera, Barcelona, 1972 (o 1974).
Petita història del Garraf [Narració infantil i juvenil], 1994.
Vull ser mulasser [infantil], Vilatana - Columna, Vilafranca del Penedès, 1998.
Petita epopeia dels vilanovins, 1982
Imaginari, 7 rondalles i 7 llegendes catalanes, [Narració infantil i juvenil], 1995.
Llegendes i contes catalans per ser llegit [Narració infantil i juvenil], 1997.

[50] *Festes populars a Catalunya* (1976)
La Festa a Catalunya (1995)
La llegenda dels sants (1996)
Calendes (1996)

[51] *L'ànima malalta*. Tarragona: Arola, 2000.

[52] *Festes populars a Catalunya* (amb Avel·lí Artís-gener). Barcelona: HMB, 1980

[53] *La llegenda dels sants*. Tarragona: El Mèdol, 1996
Llegendes i contes catalans per a ser explicats. Tarragona: El Mèdol, 1997

[54] *Imaginari*. Ràdio: Catalunya Ràdio, 1995.

[55] *Il·legals*, Marfil, Alcoi, 2001.

Matthew Tree (1958) natural de Londres i barceloní de residència va publicar el recull ***Ella ve quan vol***, a l'editorial Eliseu Climent de València el 1999, amb què va guanyar el premi Andròmina de narrativa als Octubre de 1999. Anteriorment havia publicat una novel·la[56], després un llibre de viatges[57], i han estat emesos guions de ficció per a la ràdio[58], forma part del col·lectiu Germans Miranda.

Rafael Gomar, ha publicat el recull *Viure al ras* (2000), a l'editorial Tàndem de València; abans, el 1991, havia publicat a Barcelona ***Legítima defensa*** a l'editorial Selecta-Catalònia, amb què va guanyar els premis: Víctor Català de 1990 i el de la Crítica dels Escriptors Valencians de narrativa de 1992. Ha estat cofundador i col·laborador de la revista cultural *Els quatre cantons* (Altea). La seua trajectòria com a creador se centra en el gènere narratiu[59], tot i que també ha conreat la poesia[60]. A més a més, ha col·laborat en revistes com ara *Saó*, *L'Aiguadolç*, *Boom*, *Papers de cultura*, *El Temps*, entre altres.

Mercé Viana Martínez (1946) ha publicat ***Coses de la lluna*** (2000) a la col·lecció autors d'ara de l'editorial Marfil d'Alcoi. La seua tasca literària ha estat principalment la narrativa i dirigida al públic infantil i juvenil[61].

---

[56] *Fora de lloc*, Editorial Cafè Central-Eumo, Barcelona, 1996.

[57] *CAT: un anglès viatja per Catalunya per veure si existeix*, Columna, Barcelona, 2000.

[58] *Guiri-guiri*. Ràdio: Catalunya Ràdio, 1998.
Ni idea. Ràdio: Catalunya Cultura, 1999.

[59] *I nosaltres com la pols dormíem dins d'un calaix i tres contes*, edita l'autor, València, 1984.
Donato 2,27, Eliseu Climent / 3i4, València, 1988, **Col·lecció:** Noves narratives, núm 4.
Legítima defensa, Selecta - Catalònia, Barcelona, (o Banyeres de Mariola), 1991.
Hipòtesi, Ajuntament, Mislata, 1991 (o 1995).
En blanc i negre, Tabarca, València, 1995.
'A la fi de l'atzucac', dins un volum col·lectiu *Viatge a l'illa* de l'Editorial Prometeo, 1982.

[60] *Les quotidianes d'Arístides* (1981).
Saxo, guardonada amb el VIII Premi de Poesia Felip Ramos, Ajuntament de la Vila Joiosa, 1987.

[61] *La Princesa Pitudeta i panxudeta* [infantil], "Contes de llar, 2", Camacuc, 1988.
Queda't Cocolluç [infantil], "Contes de llar, 5", (coautor amb Josep V. Galan), Camacuc.

Descripcions dels reculls de contes (1975-2000)

La dècada dels setanta

S'hi va donar el final de la dictadura de Franco i l'inici de la democràcia i llavors la literatura al País Valencià encara es trobava en bolquers. Van haver-hi manifestacions culturals i literaris com els premis Octubre o la revista bibliogràfica *Gorg*, hi hagué també, a les darreries de la dècada, els premis de contes Malvarrosa patrocinats per l'Editorial Prometeo, la primera crida va ser el 1978, on participaran la majoria dels creadors narratius d'aleshores. Només podem esmentar els següents llibres de narracions.

El nostre món de cada dia (1973) de Godofred Hernández Barreda (1902-?), un recull que té set narracions,

> la primera versió de les quals, amb un altre nom, va ser guardonada per lo Rat Penat als Jocs Florals de València dels anys 1969 i 1970. Un altre recull de contes seu ha estat premiat així mateix als Jocs Florals de València del 1973.[62]

Amunt, Lina amunt [infantil], "Contes de llar, 7" (coautor amb Josep V. Galan) Camacuc.
El fantasma poruc de Vineifuig, 1989 [infantil]
Paparota, ai quin cotxe!, 1990 [infantil]
Un globus i mil forats, 1990 [infantil]
Cua groga, una fada trastocada, 1991 [infantil]
El mag Floro. Alzira: Bromera, 1992 [infantil]
Una excursió amb pirates, 1993 [infantil]
El savi Ciril. Alzira: Bromera, 1994 [infantil]
El bagul de les disfresses, 1994 [infantil]
El misteri de l'andana, 1994 [infantil]
El cas misteriós de la lletra malalta. Alzira: Bromera, 1998 [infantil]. Premi Ciutat d'Alzira-Vicent Silvestre de narrativa infantil, 1997.
Un pintor molt guai. Alzira: Bromera, 1999 [infantil]
Bum-bum!. Alzira: Bromera, 2000 [infantil]

[62] SANCHIS GUARNER, Manuel, 'Pròleg' a *El nostre món de cada dia* de Godofred HERNÁNDEZ BARREDA, L'Estel, 1973, p. 14.

De la muntanya i de vora mar (1975) de Jordi Valor i Serra, un recull[63] que és una refosa de les seues obres escrites en català. És autor d'una obra titulada *Narracions alacantines de muntanya i voramar* (1959), que segurament és la base del recull esmentat.

Els cucs de seda (1975) és un recull de Joan Francesc Mira que tanca un període, el d'escassetat en publicacions literaris i n'obri un de nou, el que significa el camí cap a una mínima normalització literària, l'obra va guanyar el premi de Narrativa "Andròmina" de l'any 1974 i que segons Josep Iborra trencarà amb l'experimentalisme narratiu que havia encetat el premi de l'any anterior[64]. Quan en una entrevista[65] se li pregunta a l'autor si ***Els cucs de seda*** és una novel·la o un recull de contes, ell contesta que

> No, jo vaig intentar fer una altra cosa. No és ni una cosa ni l'altra. És un recull de contes que estan situats en el mateixos moments, en el mateix lloc i amb els mateixos personatges. Cada conte es pot llegir solt, però el conjunt és unitari.

Tracta de l'ambient en què viu un xiquet durant la postguerra (dècada dels 1950) a la comarca de l'Horta Sud descobrint el món dels adults, són deu històries lligades pel fil d'un personatge (el xiquet), d'una època i d'un espai.

El 1978 es publica ***La vetla d'En Pere Ruixes***, un recull de contes de diversos autors, on apareixen narracions de

---

[63] p. 144 del volum XII de la Gran Enciclopedia de la Región Valenciana. València, 1973.

[64] Segons Josep Iborra ("1976: Matèria de Bretanya" Revista Saó número 244 Octubre 2000) el primer premi Andròmina va caure en una novel·la *Falles folles fetes foc* que era sobretot un manifest i testimoniatge generacional i aquest assaig narratiu va tenir seguidors com Casimir Gandia, Josep Lluís Seguí, Cremades Arlandis, Rafa Ferrando, Lluís Fernàndez... La veritat és que aquestes novel·les es van vendre poc. Per altra banda tenim a Joan-Francesc Mira que guanyà el següent Andròmina de 1974 allunyant-se de l'experimentalisme esmentat. L'any següent va guanyar el premi Andròmina l'escriptora Carmelina Sànchez-Cutillas que Iborra, fent un paral·lelisme amb el cas català, presenta com una Mercè Rodoreda mentre que Amadeu Fabregat el compara amb Terenci Moix, encara que matisa que els dos valencians no tornaran a escriure cap més novel·la.

[65] AA.DD. "Daina entrevista Joan Francesc Mira", *Daina*, 10, 1992, p.71-91.

Vicent Franch que obtingué el primer premi Malvarrosa, i els cinc primers accèssits (Gaspar Jaen i Urban, Isa Tròlec, Gonçal Castelló, Josep Enric Gonga i Miquel Peris).

Les editorials que publiquen contes literaris durant el període són l'Estel, editorial que en aquesta segona etapa és dirigida per Manuel Sanchis Guarner, i l'editorial d'Eliseu Climent que serà una de les predominants de les lletres valencianes durant els anys següents. També es destaca l'editorial Prometeo que serà una gran difusora de les lletres valencianes i específicament de contes per mig dels premis Malvarrosa i per la publicació del Conte del Diumenge de l'any 1981, que editá 25 contes d'autors diversos.

La dècada dels vuitanta

És una etapa d'esclat pel que fa a la narrativa i per tant per a la dels reculls dels contes. A les editorials del País Valencià se'n publiquen divuit, xifra no mai aconseguida dins les nostres produccions editorials.

Històries marginals (1982) de Josep Lozano, el títol del recull explica el contingut del llibre, són històries de personatges marginals pel fet de passar-los fets que no s'adiuen a la normalitat: així per exemple 'L'heroi' és un personatge que lluitarà, sense aconseguir èxit, contra la seua natura homosexual. Al 'cor pelut' una dona grossa i major vol casar-se i no ho aconsegueix. L'Andreu, el protagonista del conte del mateix nom, és un personatge sense família, acompanyat de dos gossos i que mor al mig del carrer. 'La tia Rita' explica el cas que li va passar a un rector a qui obligaren a casar-se durant la guerra però deixa de contar el calvari que hagueren de passar els republicans en acabar-se l'esmentada guerra. I 'Els peus gelats', el primer conte del recull, narra la infelicitat per què passa una dona que no aconsegueix tenir fills i quan resulta que està embarassada no vol el fill perquè no és de l'espòs, la qual cosa fa que després se'n venge de qui la va deixar embarassada. Dos dels cinc contes porten el nom del personatge principal: l'Andreu, la tia Rita, un altre porta el nom (L'heroi) que li posen al protagonista per haver estat conqueridor d'una posició, en la segona guerra mundial, 'Els peus gelats' aprofita l'anècdota més xocant del conte. I finalment 'El cor pelut' té un cert rerafons temàtic perquè la protagonista no té el cor pelut encara que ella ho diga.

Gris (1984) de Manuel Joan i Arinyó, l'autor més prolífic durant aquest període, que segons Antoni Prats és un

> recull de relats que traeix una crisi, un replantejament, una recerca (si n'exceptuem les proses inoportunament afegides al final) de noves possibilitats d'escriptura: la intitulada "Gris" conta una història en primera persona; "Llir entre cards" empra el recurs de l'evocació, i "Examen final" prescindeix del narrador mitjançant el diàleg continu. Tenen en comú una relativa contenció imaginativa i de llenguatge: són un intent de fer "realisme".[66]

Tot en ordre (1984) també de Manuel Joan i Arinyó,

> la major part de les pàgines del qual conten històries brevíssimes, de vegades en dues línies i de caire fantàstic, grotesc, superrealista, que fet i fet, és l'escriptura predominant arreu de les obres comentades (Terra, 'El colp', Han donat solta als assassins, Coses de folls). Segurament es tracta del recull de relats més valuós d'aquest període.[67]

Dotze contes i una nota necrològica (1985) d'Encarna Sant-Celoni Verger sobre el qual no en tinc cap de referència encara, ni tan sols del seu contingut.

---

[66] PRATS, Antoni, "Breu aproximació a la narrativa de M. Joan i Arinyó", *L'Aiguadolç*, núms. 9-10, 1989, p.150.
[67] PRATS, Antoni, "Breu aproximació a la narrativa de M. Joan i Arinyó", *L'Aiguadolç*, núms. 9-10, 1989, p.151.

Confidencial (1986) de Beatriu Civera, sense referències de contingut.

Antropologia parcial (1986) de Josep Franco i Martínez porta un títol temàtic perquè reflecteix uns tipus humans -Antropologia- i l'adjectiu perquè no es tracta d'un estudi total, ara bé pel que fa a la portada i contraportada el possible lector del llibre es quedava en el dubte si aquest llibre era narrativa o era de temàtica científica. Tan sols les solapes donen una certa pista sobre el contingut narratiu del llibre, però sense especificar si es tracta de narrativa curta o novel·la. Els títols dels contes són la majoria temàtics o fan referència al fet més important de la respectiva història que s'hi conta. És curiós l'ordre de presentació dels contes que segueixen l'ordre alfabètic dels títols. La majoria dels 18 contes acaben de manera climàtica, és a dir o amb la mort del protagonista (les 5 primeres històries), o amb el missatge final que l'autor vol expressar siga inesperat (relats 6, 7, 8, 14 i 18) o siga més quotidià (les 8 històries restants).

Tirar les cartes (1986) de Josep Gregori sense referències directes de contingut. Sabem que *és*

un recull de cinc relats de diversa temàtica, aquest llibret duu un pròleg/estudi introductori, notes, il·lustracions, glossari, propostes de treball... Tirar les cartes aplega cinc relats -quatre d'ells premiats- de diferent extensió, on Josep Gregori conscientment fa un mostreig d'algunes de les diverses tendències estilístiques i temàtiques que avui campen per les nostres lletres. Així, Gregori, al conte que dóna títol al llibre, «Tirar les cartes», assaja la tècnica narrativa d'inserir dins el relat cartes, documents, retalls periodístics, poemes, tot emprant una gran varietat de registres lingüístics, i també crea un clímax ambiental que en algun moment ratllarà el suspens, és una història de misteri i terror. Una altra temptativa d'apropar-se a una altra manera de «dir» la trobem a les narracions que assetgen el personatge interiorment per tal d'esbrinar-ne el funcionament psicològic, tractant així el tema de la soledat del vell a «El castell» (on es mitifica la vida d'un llaurador), o la soledat de l'homosexual a «Carlosalvarezponce» (narració molt breu, crua i intimista). Un tímid reflex de la novel·la (de gènere negre) de lladres i serenos s'esbossa a la història «Sempre de bon matí».Però el relat que més pot impressionar el lector és el «Diari d'Alí Abenhayan», que, com ja indica el títol, és un dietari, el dietari d'un jove muslim que viu a la ciutat d'Al-Gezira Surq. És també de les narracions més extenses de tota l'obra, i una reflexió al voltant del període de la decadència musulmana a les nostres terres, tot donant quotidianitat a aquells temps, i vida a unes pàgines del passat, refent un tros de la nostra història. El llibre, finalment, es clou amb un glossari de mots que poden resultar obscurs i unes propostes de treball més o menys aprofitables, però que tot junt pot ser de gran ajuda per al lector, sobretot juvenil.[68]

Laodamia i altres contes (1986), és un recull en què, segurament per raons d'estratègia, es va unir el conte 'Laodamia' als altres contes per tal de confeccionar el volum. És evident que no hi ha un eix temàtic que enganxe tots els sis contes del llibre, per una banda Laodamia és una novel·la breu o conte llarg (té 37 pàgines) mentre els altres no passen de la vintena, cadascun dels contes té un

---

[68] BORRÀS I CASTANYER, Vicent., "*Un desgavell plausible*" [Tirar les cartes], El Temps, 117, 1986, IX, 15, p. 58.
P.M. I B, "*Tirar les cartes*" ,Escola catalana, núm. 247, 1988, VI.

tema diferent, el primer va sobre l'amistat, el segon, sobre el misteri d'unes dents postisses, el tercer sobre la venjança, el quart sobre la mort i el suïcidi, el cinquè sobre el canvi metamòrfic, i el darrer sobre l'amor fins a les últimes conseqüències. Però tampoc es repeteix cap personatge ni cap espai, ni cap tècnica narrativa (dietari, epistolar, primera persona, el temps extern, o intern de la narració, etc.) tot plegat fa que el recull siga d'una varietat que dóna una total independència a cada relat.

La Roda de la Fortuna (1986) de Cristòfor Martí i Adell, il·lustrat per Manuel Boix, va guanyar el premi Vila de Puçol de 1985, és un llibre de nou narracions d'una sèrie completa que, segons aclareix l'autor, eren vint-i-una narracions, una, la titulada Nihil obstat, va ser publicada a banda i mai va estar inclosa en el conjunt. El tema de la importància que les persones donen als diners impregna tots els relats, així que el títol s'adiu a l'eix temàtic.

Cronicó de sisé (1986) de **Bernat Capó** consta de deu relats amb l'eix temàtic del sexe com a poderós motor de la vida social humana. L'autor aclareix, en una nota de la contraportada del llibre, que totes les narracions que apareixen són verídiques, contades per persones i el denominador comú és la transgressió del sisè manament de la llei mosaista. Predomina l'espai del poble de Benissa, on va nàixer l'autor, que apareix al recull amb el nom de Bamus.

Narracions de Macolim (1987) de Vicent Escrivà, recull amb rerefons històric, narracions basades en el "mite de la ciutat de Macolim", que representa la llibertat i la defensa dels Furs, mentre que l'altra ciutat 'Basot' exemplifica la repressió tradicional. L'autor es dirigeix al lector trencant les barreres que es produeixen en els textos literaris i l'adverteix que no s'ha de fiar de les dades històriques ja que el narrador és un personatge històric de darreries del segle XV i a més urgellista. Ara bé el narrador deixa moltes voltes el pes narratiu a altres personatges que conten les accions.

Crims relatius (1988) de Tomàs Belaire és un recull de contes que tenen sempre un espai centrat a València encara que n'hi ha algun que no té aquest espai, per altra banda els personatges predominants són escriptors, artistes pintors, estudiosos d'arts, músics, etc. segurament el món que més coneix l'autor, tots tenen un moment climàtic que coincideix amb el final de les històries.

La contraportada du una ressenya biogràfica de l'autor i un resum argumental del llibre, on de manera explícita indica que és

> un recull de contes grotescos i cinematogràfics on se'ns demostra l'eterna incapacitat del gènere humà per a deixar de ser tan inútil com repetidament ha demostrat.

L'autor havia publicat dos anys abans el recull ***Els habitants de la tragèdia*** a l'Ajuntament de Catarroja, el títol del qual segueix el tema predominant de les narracions que conté. En tots ells els narradors o protagonistes (la majoria de les vegades coincideix) viuen experiències desagradables, és a dir són 'tragèdians' com resa el títol.

Barroca mort (1988) de Vicent-Josep Escartí, un llibre que consta de dos relats breus, el primer 'El fill de gepa' de 52 pàgines que conta la vida d'un personatge malgirbat, mig sord, mig cec que té una facultat especial meravellosa i màgica i que sembla l'avantsala de la novel·la que l'autor publicarà després titulada *Els cabells d'Absalom* i l'altre relat que apareix al llibre es titula 'Epistolari del comte de l'Hortxà', un altre relat de 27 pàgines consta de cinc lletres que envia el comte al seu germà descrivint la seua desesperació davant el temps de pesta i desolació que viu la ciutat de València els anys 1647 i 1648, la tècnica epistolar serà seguida en la novel·la seua de 1997 titulada *Espècies perdudes*.

Un palau d'hivern (1988) de Joan Calduch i Gaspar Jaen un recull que es troba, segons la contraportada del llibre

> A mitjan camí entre la literatura i la urbanística, l'erudició i la fantasia, el relat gòtic i el relat de costums, aquest llibre és una brillant recreació de mites i els temes de la ciutat, de qualsevol ciutat, de totes les ciutats

> i, en última instància, d'una ciutat concreta, Alacant, que és la protagonista de tota la contalla[69].

Són històries curtes, sobtoses, algunes freguen el meravellós, el fantàstic i plenes d'imatges amb pocs personatges, localitzades sempre a Alacant, escrites a quatre mans per dos autors, l'un que escriu l'altre que ho arranja, tot plegat li dona al recull un caliu i un aspecte formal de conte literari, encara que apareixen infiltrats temes tècnics d'urbanisme i altres aspectes que malgrat tot li dóna una originalitat al recull i que resulta del tot atractiu i agradable de llegir, il·lustrat amb dibuixos que acompanyen totes les narracions.

L'Antic desig (1989) d'Albert Hernàndez i Xulvi és un llibre que no sé si és una sola narració o un recull. L'autor publica altres narracions en diferents entitats[70].

Contes feiners (1990) de Maria Fullana[71] és un conjunt de relats que, segons la contraportada del llibre,

> sense deixar certs registres "poètics", creua la barrera d'un altre gènere. Aquell recull conté peces que van del simple apunt o deix d'idea al conte breu, i tracten d'aproximar-se o de reflectir certs espais o situacions quotidianes que, a partir de la seua aparent vulgaritat, es transformen en la ment del narrador/a en espais o situacions "anòmales". El joc de paraules hi té molt a veure.

---

[69] Contrasolapa i pàgina 9 del prefaci de Gaspar Jaen al llibre esmentat.

[70] ***Aquell paisatge d'agost*** editat per l'Ajuntament de Catarroja el 1988 dins la Col·lecció Joan Escrivà.

La Síndrome i altres històries, editat per la Generalitat Valenciana, 1989.

A la dècada dels noranta en publica sis, però, tots en editorials del Principat: quatre a l'editorial Pagès de Lleida: ***No mireu per l'ull del pany*** a la col·lecció El timó, l'any 1991; ***Silenci... es grava*** a la mateixa col·lecció el 1992; ***L'Últim somni,*** el 1994; i finalment ***Històries Inquietants***, el 1996 i dos publicats per ajuntaments: ***Afanya't, afanya't!!!*** a la col·lecció Senill de l'Ajuntament de Sollana el 1991, i l'altre ***Presagi,*** per l'Ajuntament de Mislata el 1995.

[71] També va publicar ***Joc de Dames*** (1992), editorial l'Eixample, Barcelona.

Són vint-i-dos narracions en què predomina el punt de vista del narrador i l'ús d'un lèxic triat per produir en el lector sensacions. Apareixen animalitzacions d'objectes a les nines de 'Tenen els ulls esbatanats' al mar en 'Mar boja', una nau en 'I també Nick'. Hi ha nombrosos paratextos: cites, dedicatòries i aclariments.

València roig & negre (1990) de Josep-Lluís Seguí Rico són setze contes (dividits en dues parts: vuit a la primera part i vuit a la segona). Localitzats tots a la ciutat de València, per personatges marginals 'El Jimmy' és la història d'un macarró protector i lladre que acaba en mans d'un vell a qui ofenia a sovint. El segon 'Pels vells temps' l'encontre entre un xic i la seua ex-promesa, fatal per a ell, ja que ella es venjarà de l'abandonament que patí. El tercer relat, 'Hostal del Nord' conta un assassinat d'un home, focalitzant la seua dona. El quart relat, '¡Ay qué dolor!, és un lladre de ràdios de cotxe que assassina una xica que consumia cocaïna. El cinqué relat, 'La moto', relata la mort d'un xic, dalt d'una moto, que quan fuig és disparat. El sisé relat, 'Crits de trompeta', el crit mortal final de la narració serveix de clímax i explica la relació i l'origen entre una xica blanca i un negre trompetista, tots dos americans que vénen a viure a València. El seté relat, 'Quan dispara', es conta la mort una mica inexplicable que efectua un comissari retirat. El vuité relat, 'Solo de saxo', narra la soledat d'un músic i l'encontre amb una prostituta on manifesta el seu instint assassí. El títol NEGRE dóna pas a la segona part del recull. El primer relat, 'Corre ratolí' conta la fugida desesperada d'un heroïnòman després de robar a una dona, per poder comprar la seua dosi. El segon relat, 'Woopie, cara a la mar' és un jugador de bàsquet nordamericà que és fitxat pel València i que es droga cara a la mar. El tercer relat, 'Fugir cap avant' conta com una dona que no vol estar amb l'home que l'havia convidada a sopar fuig d'ell i pel carrer li sembla que la persegueixen i acaba sota les rodes d'un cotxe. El quart relat, 'De nit a Natzaret' conta com Gitano recorda la gitana i prostituta Teresa amb qui va viure i la qual va fugir amb un algerià. El cinqué relat 'Bessie Smith' tracta d'un triangle amorós (Sergi, Àngela i Berta) que es creuen en la vida, apareix la cançó de Bessie Smith de fons al relat. El cinqué relat 'La rialla' (4 pàgines) entre una colla de despenjats hi ha un sudaca que nota que una rialla, que representa la seua marginació, el persegueix constantment. El sisè relat 'La mort a Russafa', un dels dos transsexuals que viuen junts apareix mort després d'una discussió i l'altre se sent culpable per no haver anat a dormir a casa aquella nit. El setè relat i darrer 'El somni etern de Sam Peres' el mateix protagonista conta la seua activitat amorosa i sexual amb unes veïnes.

Contes del bon oratge (1990) de Josep Rausell són sis narracions, la primera i la darrera són protagonitzades per personatges infantils, on apareixen actuacions, de vegades inesperades o sobtoses dels xiquets; a les altres quatre els personatges són adults i sempre hi apareixen morts tractades sense estridència, encara que a voltes sobtades, morts que sentim lligades a la vida. És per tant una miscel·lània narrativa que encara que explícitament no tinga unitat, sí que en té de manera subliminar ja que comença i acaba amb el món infantil i la mort sura en totes les històries. També el fet que el títol del recull siga diferent a qualsevol de les narracions que l'integren reforça la idea d'unitat que l'autor vol donar-li al llibre. Tots els contes acaben amb una mirada perduda, la majoria de les vegades fa una ullada amorosa a la natura, majoritàriament a la mar Mediterrània.

La dècada dels noranta.

Ixen a la venda una vintena de reculls de contes editats al País Valencià.

Els penitents (1991) de Tomàs Belaire són vint-i-un contes que tenen moltes referències musicals, literàries i cinematogràfiques. Hi ha un tema recurrent, el dels pits d'una xica que apareix en uns quants contes des de punts de vista diversos, però de totes formes allò que lliga tot el conjunt és el tema del títol, personatges, principalment protagonistes que porten el càstig d'haver actuat d'alguna manera o pel fet senzill de ser de mena patidora.

Una selva al replà (1992) de Pau Joan Hernàndez és un recull de deu contes centrat en personatges estrafolaris que viuen en un edifici també original: allí succeeixen fets inhabituals com l'aparició d'una selva (que dóna nom a tot el llibre), un poeta solitari, un ordre monàstica, una mina, una revolta de les ties, un cas de licantropia, uns afeccionats a jugar a soldadets, una tribu caçadora, una mort faraònica, i un final sentimental i suggerent.

Ball de màscares (1992) de Josep Palomero Almela,

Antoni Miró i els desgavells del Mas de la Sopalma (1993) de Carles Llorca i Timoner consta de dues parts, la primera consta de 8 capítols escrits els anys 1978 i 1979 en els quals se'ns conta la visita al mas de la Sopalma on viuen Antoni Miró i la dona, és al terme d'Ibi i es troba tot ple de pols, hi viuen amb la gata o gat Mari Catúfols, apareix la història de la Bajoanna i la Tofoleta, mare i filla putes que vivien en un mas dels voltants. La història de l'aspiradora "Tornado" que no va poder sobreviure en l'ambient del mas de la Sopalma. Mescla de la història política del país i de les aventures amoroses del gat o gata Mari Catúfols. La segona tanda de desgavells del mas de la Sopalma apareixen datats el juny de 1993 quan l'autor, que vivia als Poblets, pensa en visitar els seus amics de la muntanya i pensat i fet, mescla també fets polítics i socials de l'època de manera còmica amb la seua visita al mas.

El llibre té una abundant il·lustració fotogràfica del mas i dels seus habitants, principalment Antoni Miró i ell, gats i quadres.

Abunden les citacions a l'estil d'un diari: *Tot açò i més, és el que ha passat en la vesprada d'avui 3 de desembre de 1978*, al final del segon capítol escriu *Tot açò és el que he escrit el dia 5 de desembre de 1978*, el capítol 3 s'inicia dient *Ja som al 8 de desembre*, al cinquè comença escrivint *El dissabte dia 9 de desembre començà...*

Destaca la ironia, el llenguatge i la comicitat constant, així com les fotografies que il·lustren el llibre.

El capità Caliu i altres contes mariners (1995) de Carles Llorca i Timoner.

Cinc lais. Eròtica cavalleresca (1998) de Josep Mª Morreres El recull consta d'un pròleg i cinc relats. En cap paratext es diu que es tracta de contes literaris, sí de narracions, com diu la contraportada del llibre: *El ponzellatge de Genive* té 40 pàgines; *El somni de Gisela,* 31; *Rosanna de Lagrasse*, 41; *Belvís i Joel*, 27 i *La sort d'Igmiel,* 27 també. Tots els relats comencen amb una mena d'introducció.

Segons el pròleg *Cinc lais* és una novel·la eròtica, composta de cinc narracions. Pel fet de ser eròtica pertany a un gènere ben definit, que té les seves servituds i virtuts, i que té com a propòsit manifest excitar el lector o la lectora. Aquest caràcter eròtic no hauria de fer oblidar **la seva condició de novel·la** i, com a tal, la seva ambició literària. Com a escriptor, el que interessa a l'autor és la literatura, la creació d'un món a través del llenguatge. El repte a què s'enfronta l'escriptor constantment és el de fer el seu món creïble, el que el lector, malgrat saber que llegeix una obra de ficció, acabi per creure en la realitat d'allò que llegeix. L'autor, en aquest sentit, entén la literatura com un exercici de seducció.

Les cinc narracions, escrites sota la influència explícita dels lais de Maria de França, pretenen recrear el món mític de la cavalleria, amb les princeses, els senyors, els joglars i les maneres corteses que fan al cas. Del model triat ha conservat un pretès posat alliçonador, un cert distanciament irònic, una extremada cura formal i la malícia i ingenuïtat dels personatges.

Sala d'espera. Quan plou a l'ascensor, gotegen els silencis (1996) de Vicent Borràs consta de dotze relats que com diu la contraportada *és un conjunt de relats autònoms, on alguns personatges s'entrecreuen per teixir una teranyina que atrapa el lector entre la realitat i la ficció. Històries que comparteixen una veu de narrador àgil, còmplice, irònica i sempre amb un humor subtil. Un lligam temàtic recorre el llibre: la complexitat de les relacions comunicatives entre els humans que transitem per aquest final de mil·lenni entre silencis i paraules, com per una sala d'espera.*

Les Quatre Edats d'Eros (1996) de Joaquim Gonzàlez i Caturla són quatre relats d'extensió entre 11 i 19 pàgines, cadascú passa en una estació de l'any, el primer durant la primavera i acaba a l'hivern i totes les històries s'emmarquen en l'estació determinada i per altra banda també reflecteixen l'edat i estat d'ànim del protagonista i tot lligat per l'erotisme que banya tot el recull.

Els colors de la solitud (1996) també de Joaquim Gonzàlez i Caturla són 12 relats que recorren les diverses classes de soledat que presenta la realitat humana, també hi ha la presència de la ciutat d'Alacant a la majoria de relats; la ironia i l'humor amara tot el conjunt.

(1996) de Vicent Penya i Calatayud és, com diu la contraportada del llibre, *un llibre suggeridor d'imatges i d'estat anímics,(...) en definitiva: un món de poesia, d'absurd i d'angoixa (...)*, podríem dir que temàticament és un recull de narrativa sobre somnis humans, d'ací el títol. Sense un espai determinat, encara que ix València en algun conte, s'hi respira un cert ambient urbà en la majoria, i amb uns personatges difuminats; consta de tres blocs: el primer anomenat 'el pres', on es conta l'obsessió d'un pres durant tres dies davant una aparició (o realitat) en forma de dona; el segon 'els captaires' són una sèrie de relats protagonitzats per personatges a qui els manca un poc d'afecte i el tercer 'tintatges', relats curts en què apareix la importància del punt de vista en la percepció i interpretació de la vida humana.

Ahir van ploure granotes (1997) de Ramon Guillem és, segons resa la contraportada del llibre, *un conjunt de deu contes independents que tenen un denominador comú: un bon ritme amerat de poesia i tocs d'humor puntuals que busquen la complicitat del lector a través de la sorpresa. Deu contes que evidencien la complexitat de les relaciones humanes.* Cada conte del recull porta, després del títol, citacions d'escriptors, la majoria poetes, que tenen una certa relació amb el tema de la narració.

Quatre qüestions d'amor (1988) de Joan Francesc Mira és, com diu Lluís Meseguer a la nota de lectura que encapçala el llibre, una obra narrativa que mescla amb altres gèneres fins i tot dialoga amb altres textos i que com els lectors habituals de l'autor saben, la narrativa de Mira és de tècnica variada.

És un recull de quatre contes que tenen una extensió que ultrapassa l'estàndard del conte literari. Són quatre històries d'amor d'èpoques, de protagonistes i de llocs diferents totes contades pel sedàs del narrador ajudat per llibres de l'època.

Dones (1998) d'Isabel-Clara Simó és un recull de dèsset contes en què el fil conductor són el protagonisme de les dones diverses que apareixen: un mostratge de tipus de dones que van des de les més fortes de caràcter a les més dèbils; també hi ha des de fets inesperats als més quotidians que presentats per la narradora resulten també xocants.

Quaranta contes breus i un llarguíssim poema d'amor (1999) d'Elies Barberà, com el seu títol ens indica, resulta ser un llibre ple de contes curts (la majoria d'una pàgina, el més llarg en té sis) i el llarguíssim poema d'amor consta de tres versos que tanca el recull, predomina sobretot la temàtica amorosa però apareixen flaixos eròtics, la condició d'inferioritat de la dona respecte a l'home, el de la relació humana, la mort, i el record de fets desagradables.

Relats de la creença (1999) d'Àlan Greus consta de catorze contes sobre personatges a qui els passa alguna cosa estranya i que el lector acaba de comprendre, en la majoria de les vegades, al final de cada relat. El tema del pas del temps avant i arrere és el predominant en el recull.

Llegendes urbanes i narracions suburbials (1999) de Bienve Moya són un conjunt de vint-i-una narracions les fonts de les quals són molt diverses: acudits, dites, converses, notícies, experiències personals i algunes recreacions de narracions tradicionals, segons reconeix el mateix autor a la introducció del llibre. El formen blocs: el primer, 'Llegendes urbanes' és un conjunt de nou contes centrats en espais urbans. El segon bloc 'Relats suburbials' són sis contes on apareixen personatges que viuen una mica marginats de les comoditats i benestars de les classes acomodades de les ciutats i localitzats en els suburbis de

Barcelona. 'Els contes de cementiris' són dos narracions que passen en una necròpolis i al cementiri de Gandia. I finalment 'Els contes prodigiosos' són quatre de temàtica diferent: d'un mentider i fanfarró, del gat que desapareix i no torna a casa, del lladre que volia fer-se ric i finalment el de la ciutat fantàstica de dins del mar.

Ella ve quan vol (1999) de Matthew Tree, recull que té un tema recurrent: el de les festes amb alcohol, personatges alcoholitzats o que viuen sota els efectes etílics.

Hi ha present els temes de l'amor, de la comunicació i el de l'espai perdut: Londres i el record britànic. El conte que clou el llibre exhorta a una segona persona a que no patisca per tot allò que haja fet mal o no haja aconseguit fer.

El títol del llibre és el d'un conte, mentre que el recull agrupa tres parts, cadascuna de les quals porta el títol del primer conte respectiu.

Viure al ras (2000) de Rafael Gomar és constituït per dèsset contes agrupats en tres blocs, els sis primers contes formen un primer bloc caracteritzat primerament per l'espai: ciutat de València, segonament pel reducte temporal en què s'insereixen: la nit, i altres trets característics hi són els insomnis, l'obscuritat i els personatges solitaris. Com diu Alícia Toledo[72] és una part més **introspectiva**.

Els sis contes del segon bloc són de temàtica més quotidiana, així apareix el llenguatge vulgar del carrer al primer, llueix la fantasia al segon, el contrast de comportament dels nens del 'Moviment continu' la reflexió metaliterària de 'Dona davant l'espill', l'inesperat aniversari i la frase colpidora del final i finalment la crítica a la parafernàlia dels premis literaris de 'Apunts per a una sociologia de flor natural i 250.000 pessetes'. Els personatges són caricatures, no tan ben retratats com al primer bloc.

Els cinc contes del tercer bloc del recull són possiblement més fantasiosos i meravellosos i recorden una mica l'estil de Calders, així tenim que el narrador del primer conte 'Enemics potencials' imagina que els claus són els seus

[72] 'NARRATIVA. Cròniques de la soledat urbana', ALÍCIA TOLEDO. Diari Avui, dijous 8 de febrer del 2001 pàgina XIV del suplement de Cultura.

enemics i pensa fins i tot descobrir de quin partit polític (segurament contrari al seu) és el ferreter que li'ls ha venut. A 'Febleses' hi ha una metamorfosi del protagonista difícil d'explicar, al següent 'Trex' una creença desmesurada en la propaganda que porta a la protagonista a una situació extremadament fantasiosa, a 'Contactes' copsa el lector la manera de demanar a la xica una nova relació sexual per mig d'una instància amb tots els ets i uts. I finalment el conte més caldersià de tots el 'No és ací!' on Xavi el protagonista s'involucra en una festa a casa seua que ell no havia preparat sinó que ha esdevingut de manera espontània..

Mercé Viana Martínez, publica ***Coses de la lluna,*** a la col·lecció autors d'ara de l'editorial Marfil d'Alcoi el 2000.

Cites que apareixen als reculls de contes (1975-2000)

Cronicó de sisé (1986) de **Bernat Capó** presenta tres cites de la Bíblia a la pàgina 9 que parlen sobre les taules de Moisés.

Crims relatius (1988) de Tomàs Belaire té a la pàgina setena un epígraf del llibre *El contista* d'Alan Sillitoe[73] escriptor anglès nascut el 1929, que explica que un contista es converteix en la víctima dels seus mateixos contes.

Barroca mort (1988) de Vicent-Josep Escartí, porta a la pàgina 18 el vers d'Ausiàs March: *"Plena de seny, dir-vos que us am no cal..."* que serveix d'introducció al primer dels dos relats del llibre, 'El fill de Gepa', mentre que el segon, 'Epistolari del comte de l'Hortxà', té una cita a l'inici, pàgina 77, de Fray Francisco Gavaldà, O.P. del seu llibre *Memoria de los sucessos particulares de Valencia y su Reino en los*

[73] Sillitoe, Alan (Nottingham 1928) Novel·lista anglès. La seva primera obra, Saturday Night and Sunday Morning (1958), fou portada al cinema per Karel Reisz el 1960. Publicà també les novel·les Key to the Door (1961), The Rayman's Daughter (1963), The Death of William Posters (1964), The Second Chance (1981) i The Adventures of Aldebaran (1986); els reculls de narracions The Loneliness of the Long-Distance Runner (1959) i Guzman Go Home (1968), etc.

SILLITOE ALAN (1928-) Né dans une famille ouvrière de Nottingham, ville qui lui fournira maints décors, Sillitoe quitte l'école à quatorze ans pour entrer à l'usine. Mais si son œuvre se situe en majeure partie dans la tradition du roman prolétaire, elle la déborde largement. Sillitoe est un authentique « jeune homme en colère » dont la sincérité ne peut jamais être mise en doute.

Il connaît la notoriété dès 1959 avec son premier roman : Saturday Night and Sunday Morning (Samedi soir, dimanche matin). Toute une classe s'est reconnue dans Arthur Seaton, le héros du roman, non seulement en raison du réalisme de l'œuvre, mais aussi parce qu'il incarnait le malaise d'une génération, ses aspirations confuses à plus de liberté et à plus de respect de la dignité humaine. C'est aussi de dignité humaine qu'il s'agit dans The Loneliness of the Long-Distance Runner , 1959 (La Solitude du coureur de fond), cette longue nouvelle dans laquelle Colin Smith, pensionnaire d'une maison de redressement, fait d'une défaite voulue dans la course une admirable victoire personnelle.

The Storyteller (1979) est d'ailleurs le récit de la vie d'un raconteur d'histoires professionnel né à Nottingham, en qui on pourrait reconnaître son créateur. Et le conteur est aussi un observateur doué d'un sens aigu du comique.

años mil seiscientos quarenta y sieta y quarenta y ocho, tiempo de peste. València, 1651, en què descriu l'ambient que es vivia aleshores a ciutat.

Contes feiners (1990) de Maria Fullana té nombrosos epígrafs, el primer de tots és de Jean-Paul Sartre sobre la necessitat d'escriure sense triar les paraules. Davant el conte 'M'he vestit de frac' hi ha una llarga citació de la poetessa americana Anne Sexton[74] que serveix de base per a la història de la narració. 'Un 29 de maig qualsevol' té un llarg epígraf de Y. Mishima[75] on es reivindica la necessitat de la fantasia. Uns versos de la poetessa Alfonsina Storni[76]

---

[74] Sexton, Anne, née HARVEY (b. Nov. 9, 1928, Newton, Mass., U.S.—d. Oct. 4, 1974, Weston, Mass.), American poet whose work is noted for its confessional intensity. A lifelong resident of New England, Sexton studied poetry under Robert Lowell at Boston University and also worked as a model and librarian. She taught in high school and at Boston University (1970-71) and Colgate University (1971-72). Her first book, To Bedlam and Part Way Back (1960), is an intense examination of her mental breakdown and subsequent recovery. All My Pretty Ones (1962) is also autobiographical. Live or Die (1966) is a further record of emotional illness. Later volumes include Love Poems (1969), Transformations (1971), and The Book of Folly (1972). Her last poems were published posthumously in The Awful Rowing Toward God (1975), 45 Mercy Street (1976), and Uncollected Poems with Three Stories (1978). No Evil Star: Selected Essays, Interviews, and Prose was published in 1985. She died a suicide.

[75] Mishima, Yukio (Tòquio 1925 - 1970) Pseudònim del novel·lista i dramaturg japonès Hiraoka Kimitake. Durant la Segona Guerra Mundial, publicà un recull de narracions breus, Hanazakari no mori ('El bosc en flor', 1944). Després de la guerra es consolidà com a escriptor de gran èxit amb Kamen no kokuhaku ('Confessió d'una màscara', 1949), a la qual seguiren d'altres novel·les, en un evolució de l'esteticisme a l'equilibri clàssic. Inclinat ideològicament cap a les dretes, encara publicà Yukoku ('El país millor', 1960), Eirei no koe ('La veu dels herois caiguts', 1966), Taiyo to tetsu ('El sol i el ferro', 1965-1968), els quatre volums de Hojo no umi ('El mar fèrtil', 1965-70), etc.

[76] Storni, Alfonsina (Sala Capriasca, Ticino 1892 - Mar del Plata 1938) Poetessa argentina d'origen suís. Fou mestra i periodista (col·laborà a "La Nación" amb el pseudònim de Tao-Lao). La seva poesia evolucionà des d'un postromanticisme confessional a una posició molt singular dins els corrents d'avantguarda. Essencialment amorosa --necessitat d'estimar i d'ésser estimada--, però alhora amb una decepció gran de no trobar l'home, la seva poesia en la darrera etapa es decantà cap a una poesia torturada, intel·lectual i hermètica, difícilment compresa pels seus lectors. El 1920 obtingué el Premio Nacional de Literatura. Escriví, entre altres, El dulce año (1918), Ocre (1925), El mundo de los siete pozos (1934) i Mascarilla y trébol (1938). Afectada d'una malaltia inguarible, es llançà a la mar després d'haver escrit el sonet Voy a dormir.

introdueixen el conte 'Tenen els ulls esbatanats'. Un fragment de Raimon lo Foll al conte 'Mar boja'. El conte 'Neptú' s'inicia amb una cita de Josep Pla. 'Un conte a mitges' comença amb una cita de Xulio.

Il·lustracions que apareixen als reculls de contes (1975-2000)

La Roda de la Fortuna (1986) de Cristòfor Martí i Adell porta il·lustracions de Manuel Boix, la portada és de Joan Dolç basat en un dibuix de Manuel Boix. N'apareix una a la p. 5 és un dibuix d'una moneda de cent pessetes amb un barret pel damunt que serveix d'introducció general al recull. La primera narració 'Roseta' va acompanyada d'un dibuix d'un rostre humà de perfil, més bé femení, amb l'ull tapat per un bitllet. La narració 'Satiriasi' porta el dibuix d'un diable tocant unes llargues flautes. El conte 'La cistella de rovellons' té una il·lustració en què apareixen 7 dibuixos de rovellons, el primer més gran i els altres més menuts. El conte 'Una pèrdua irreparable', un dibuix d'una finestra d'una sala de palau d'aquelles que tenen bancs als costats per guaitar-hi. 'El Goya malaït' porta una il·lustració basada en aquell quadre de Goya on un gegant es menja les despulles d'una persona. 'El diamant de la marquesa' una il·lustració d'un corb que pica unes fulles.

Barroca mort (1988) de Vicent-Josep ESCARTÍ porta, en pàgines interiors, dibuixos d'Adrià Pina, al primer dels dos relats de què consta el llibre n'hi ha quatre, el primer i el segon són dibuixos de la mà amb un dit esguerrat i la cara d'una persona que podria representar el protagonista de la narració, el tercer dibuix és una plana dirigida per una mà amb un dit esguerrat, eina pròpia del fuster, ofici que exercia el pare del protagonista i finalment unes mans plenes de claus clavats que poden simbolitzar el dolor del protagonista. El segon relat porta també tres dibuixos, els dos primers reflecteixen paisatges desolats amb deixalles i immundícies pròpies d'èpoques crítiques i un tercer dibuix que representa una creu molt ornamentada amb un pardalet a dalt de tot i que pertany a un edifici senyorial.

Un palau d'hivern (1988) de Joan Calduch i Gaspar Jaen segurament és un dels reculls que més il·lustracions porta perquè la temàtica ho requereix. Cada narració i n'hi ha vint-i-dos porta la seua respectiva il·lustració. A les pàgines 193 i 194 del llibre s'explica la font dels dibuixos que hi apareixen.

El conte 'La cara del moro' porta un dibuix del castell d'Alacant. 'El constructor de models', una vista aèria on es destaca el port i el castell d'Alacant. 'L'itinerari fastuós' un dibuix del que sembla una mena d'arc de triomf. 'Enginyers militars' hi ha una mena de plànol del castell d'Alacant. 'El nivell de la mar', un dibuix fantasiós de la ciutat d'Alacant on destaca a primer pla una parella de cavalls i el castell, una cúpula i una església. 'Cornises i ocells', una vista de la ciutat des del castell de Santa Bàrbara. 'La ciutat subterrània' un plànol de la ciutat d'Alacant. 'La Plaça del comerç', un dibuix de la plaça de l'Ajuntament d'Alacant on es destaca l'edifici públic. 'Un palau d'hivern', un que representa la façana d'un palau d'Alacant. 'Targeta postal' hi ha una targeta publicitària sobre un establiment de banys de mar. "Màscares" un dibuix d'una font amb personatges que omplin gerres i com una mena d'altar que presideix la font, a la part de darrere un campanar i una cúpula d'una església. 'La casa embruixada' un dibuix d'una casa amb una palmera i diversos vegetals envoltant-la. 'El 'tren botijó'' un dibuix panoràmic on apareix un paisatge en què apareixen diversos edificis i com una estació de tren. 'El passeig dels Màrtirs', un dibuix d'un cadafal presidencial amb personatges, hi apareix una estel i al seu centre el logotip del comunisme (la corbella i el martell). 'Marxa' un dibuix, sembla, del castell d'Alacant amb un edifici a primer terme amb finestres en forma de ferradura, característiques del món musulmà i una carretera recorreguda per un autobús que puja cap al castell. 'La conquista' un dibuix de tres personatges a primer pla que semblen d'origen africà amb el fons del castell de Santa Bàrbara i unes palmeres en un pla intermedi. 'Dinastia' un dibuix d'una casa vella i un cartell que indica que construiran 36 apartaments. 'Un segle de passejos marítims' un plànol sobre el 'paseo de los Mártires' i el 'proyecto de reforma'. 'El cant de la nereida' un plànol d'una illa (Tabarca). 'Sinopsi de la ponència presentada per l'autor en el congrés sobre assentaments humans' una vista de la ciutat d'Alacant des de la mar. '2984 d. C.' un dibuix d'una ciutat futura. 'Utopia' un plànol de la ciutat d'Alacant.

Dedicatòries dels reculls de contes (1975-2000)

La Roda de la Fortuna (1986) de Cristòfor Martí i Adell presenta una dedicació general de tot el recull *A tots aquells i aquelles que, tot i tenint-ne ocasió, ni s'han venut ni es vendran mai. (Llàstima que n'isquen tan pocs en la dotzena!)*

Cronicó de sisé (1986) de **Bernat Capó** en té una que encapçala el llibre: *A Pere Cabrera i Sendra, mestre d'escola, que m'ha empentat a la tasca.*

Narracions de Macolim (1987) de Vicent Escrivà presenta nombroses dedicatòries, cada narració en una, així la narració titulada 'Madona Maria la negra del trencall' al professor Manuel Sanchis Guarner IN MEMORIAM (1911-1981). La següent 'Colp de mà' és dirigida A Joan M. Monjo. 'Míriam' és dedicat a Júlia Benavent, Raquel Ricart, Albert Dasí i Gemma Lluch. 'Llarga flor de foc' dedicat a Palmira Pividal Corisco, Esteve Mercè, Júlia i Marina, segurament companys d'estudis de l'autor. 'La recompensa' és dedicat a Débora, Caterina i a Francina. 'Petita història d'una venjança' dedicat a Josep Lluís Seguí. 'El tort de la Seu' dedicat a Miquel i Elsa Pérez Montaner i Robles. 'La vella dama negra del dau' (26 ps.) dedicada *Als seus propietaris i sobretot CC* dedicatòria més explícita al seu llibre de 1984 *El primprícep Hussein i altres narracions* en què va endreçat a *Isabel Robles, Josep Rausell, Joan M. Monjo, Montserrat Roig, Manel Rodríguez Castelló i a Clàudia Cardinale, per una raó que ella ignora*.

Contes feiners (1990) de Maria Fullana té força dedicatòries, la primera, a la pàgina 7, com una mena de carta dirigida a Vicent on diu que li deixa els contes del llibre per tal que s'entretinga i li assevera que cap d'ells no ha estat escrit en cap de setmana. Hi ha un segon paràgraf de la carta on diu que les històries contades són totalment diferents de les viscudes i la dedicatòria a V. F.

El primer relat titulat 'La sort' és dedicat al seu germà Joan, acompanyat de tres versos llatins, és un desig de fortuna que li dedica a una persona que vol anar-se'n.

El conte 'L'ofrena de la geperudeta' és dedicat a la memòria de Carles Salvador i els seus tres ànecs.

La narració 'Un conte a mitges' es dirigeix a mi mateix i doblement.

'I també Nick' a N. Ray[77], els camins de l'aigua.

---

[77] Ray, Nicholas (La Crosse, Wisconsin 1911 - Nova York 1979) Nom amb què és conegut Raymond Nicholas Kienzle, director cinematogràfic nord-americà. El 1947 realitzà el seu primer film: They Live by Night, on ja apareixen els tipus de personatges marginats, constants en totes les seves pel·lícules: Johnny Guitar (1953), Rebel Without a Cause (1955), The Savage Innocents (1959), etc. Amb 55 Days at Peking (1962) i la corealització, amb W.Wenders, de Lightning Over Water (1980) donà per finalitzada la seva carrera.

Altres paratextos als reculls de contes (1975-2000)

La Roda de la Fortuna (1986) de Cristòfor Martí i Adell presenta un pròleg de l'autor on diu que les narracions són les nou primeres que va escriure. De les vint-i-una narracions primeres, una titulada *Nihil obstat* va ser publicada a banda. Totes les narracions porten al final de cadascuna una data que serà la de la respectiva finalització de la seua creació. La contraportada porta un text de presentació del recull i comença indicant que els nou contes del llibret van obtenir el premi Vila de Puçol 1985 i que són una part dels vint que formen el recull original de *La roda de la Fortuna* hi ha una bibliobiografia de l'autor i un sentiment de pena per part de l'autor per haver mutilat el recull original però que com les narracions són independents creu que no decebrà ningú.

Cronicó de sisé (1986) de **Bernat Capó** té un aclariment de l'autor a les pàgines 13 i 14 i una cloenda de Ricard Blasco a les tres darreres pàgines. La contraportada explica al lector que el llibre té el denominador comú de la transgressió del sisé manament de la llei mosaista i que totes les narracions són autèntiques i que han succeït al País Valencià.

Narracions de Macolim (1987) de Vicent Escrivà presenta a les pàgines 5 i 6 una nota aclaratòria dirigida al lector.

I a la contraportada es fa una ressenya del llibre i de la producció escrita de l'autor.

Crims relatius (1988) de Tomàs Belaire presenta a la contraportada una ressenya biogràfica de l'autor i del llibre.

Barroca mort (1988) de Vicent-Josep ESCARTÍ té una introducció escrita per Vicent Borràs i Castanyer, escrita a Algemesí entre Nadal i Pasqua de 1988, en què es diu que són dos relats autònoms però complementaris ja que mantenen una unitat d'espai i de temps, reivindica el paper literari i independent del conte com a gènere dins la tècnica narrativa amb exemples i titlla els dos relats de *Barroca mort* com a contes. El títol i els dos relats transporten el lector a una època remota, la del segle XVII, *Escartí ha elegit el barroc com a fons i escenari. I no solament això,* *sinó que, a més, s'ha centrat en els aspectes més foscos i quotidians, les misèries més esperpèntiques, econòmiques i espirituals, d'aquella gent. Ens ha transmés les parts més brutes i marginals, els llocs més sinistres de la realitat, la pesta, les febres, la mort, les riuades, les malformacions genèriques, la fam, l'avarícia, la imatge viscosa del sexe... un intent de reflectir el temps nostre present, també incert i poc estable. Hi ha elements tradicionals, religió i superstició versus realisme màgic.* "El fill de Gepa" *és un conjunt d'històries en un espai concret de la Ribera del Xúquer que són un mostrari de costums i de personatges, d'actituds i de relacions humanes a través de la màgia de la realitat.* "L'epistolari del comte de l'Hortxà' és un conjunt de cinc cartes, en què mostra una panoràmica fragmentària d'un fets que passaren a València el 1647: la pesta.

Pel públic a qui majoritàriament va dirigit, el llibre porta unes quinzes propostes didàctiques sobre el recull i els seus dos relats, i també un glossari aclaridor del lèxic més difícil.

I finalment a la contraportada hi ha una ressenya del contingut del llibre.

Un palau d'hivern (1988) de Joan Calduch i Gaspar Jaen porta un prefaci escrit per aquest darrer en què explica la gènesi dels contes que hi ha al llibre, aprofita per explicar les seues feines, estudis, dèries i altres anècdotes personals i aclareix que els contes són originals de Joan Calduch i i que ell s'ha dedicat a arranjar-los en catalana forma.

A les pàgines 193 i 194 del llibre s'explica la font dels nombrosos dibuixos que hi apareixen.

Contes feiners (1990) de Maria Fullana

El conte 'La fura' acaba amb un fragment entre parèntesi que diu: *en reconeixement a "Suz o suz" de la Fura dels Baus.*

La narració 'Una nit passa volant (Estanquera)' té un aclariment on es diu, damunt el títol i entre parèntesi, que és fet a mitges amb Xúlio Aldemira una nit d'estiu.

Al darrer dels contes i abans de l'índex hi ha un paratext on es diu que *Aquest recull fou acabat d'enllestir a l'hivern de 1988, a la Canyada dels Pins.*

Reculls de contes per editorials i poblacions (1975-2000)

Editorials	Número de reculls	Localitat
Germania	1	Alzira
L'Eixample	1	Barcelona
Pòrtic	1	Barcelona
Set i mig	1	Benicull de Xúquer
Federació	1	Estivella
Bullent	1	Picanya
Bonaire	1	Tavernes Blanques
L'Esquer	1	Tavernes Blanques
?	1	València
Almudín S.A.	1	València
Dahiz	1	València
Tàndem	1	València
Marfil	2	Alcoi
La Impremta Arts Gràfiques	2	Balaguer
El Llamp	2	Barcelona
Empúries	2	Barcelona
Pagès	2	Lleida
Colomar	2	Oliva
Cingle	2	València
Selecta	3	Barcelona
8Gregal	3	València
Columna	5	Barcelona
Edicions 62	7	Barcelona
Bromera	10	Alzira
Eliseu Climent	11	València
TOTAL	65	País Valencià i Catalunya

Comentaris sobre el quadre anterior

Poblacions on es publiquen:

La majoria d'editorials són a València (Eliseu Climent, Gregal, Cingle, Tàndem, Dahiz i Almudín i ?) on es publiquen 21 reculls (que significa el 32%), i a Barcelona (62, Columna, Selecta, Empúries, El Llamp, Pòrtic i l'Eixample) també amb 21 llibres de contes (32 %), Alzira amb 11 (17 %), Lleida amb 2 (3 %), Alcoi amb 2 (3 %), Balaguer també amb 2 (3 %), Oliva, 2 (3 %), Tavernes Blanques, 2 (3 %), i finalment Picanya, Benicull de Xúquer i Estivella, amb un recull publicat en cadascuna (2 %).

Editorials

La que més llibres de contes ha publicat durant el període estudiat és la valenciana d'**Eliseu Climent** que ha publicat 11 reculls dels quals dos pertanyen a Josep LOZANO, dos són de Tomàs BELAIRE i dos de Joan Francesc MIRA, els cinc restants són un de Josep FRANCO, un de Maria FULLANA, un de Gaspar JAEN / Joan CALDUCH, un altre de Manel JOAN I ARINYÓ, i un darrer de Matthew TREE.

Li segueix l'editorial **Bromera** d'Alzira que n'ha editat 10 i que pertanyen als següents autors: Dos de Joaquim GONZÀLEZ I CATURLA, i els restants vuit són de Vicent BORRÀS, de Vicent-Josep ESCARTÍ, de Josep GREGORI, Àlan GREUS, Guillem RAMON, Pau-Joan HERNÀNDEZ, Josep Maria MORRERES i Josep-Lluís SEGUÍ.

Amb 7 llibres segueix **Edicions 62** de Barcelona, on Isabel-Clara SIMÓ publicà cinc llibres, i Ignasi MORA i Josep-Lluís SEGUÍ I RICO, un llibre respectivament.

L'editorial **Columna** ha publicat 5 reculls, dos d'Isabel-Clara SIMÓ, dos de Toni CUCARELLA i un de Carles MULET.

L'editorial **Gregal** va traure al mercat 3 reculls: dos de Vicent Escrivà i un de Beatriu Civera. També va editar *Narracions perennes* d'Enric Valor que hom cataloga de narrativa folklòrica. També L'editorial **Selecta** va editar 3 llibres, de Beatriu CIVERA, Isabel-Clara SIMÓ i Rafael GOMAR.

Les editorials **Pagés** de Lleida, **Cingle** de València, **Marfil** d'Alcoi, **Arts Gràfiques** de Balaguer, **El Llamp** i **Empúries** de Barcelona, **Colomar** d'Oliva i **Bullent** de Picanya publiquen cadascuna dos opuscles de contes; L'editorial Pagès de Lleida publica 2 llibres d'Albert Hernàndez i Xulvi. Cingle, dos de Manuel Joan i Arinyó. Marfil publica un llibre de Bienve Moya i l'altre de Mercè Viana i Martínez. La impremta arts gràfiques de Balaguer l'un de Manel Alonso i Català i l'altre de Vicent Penya i Calatayud. L'editorial El Llamp de Barcelona publica a Manel

Joan i Arinyó i Gonçal Castelló. L'editorial Empúries edita un llibre de Manel Joan i Arinyó i un altre de Josep Palàcios. L'editorial Colomar d'Oliva va editar dos llibres de contes, el primer de Josep Rausell i el segon de Carles Llorca i Timoner.

La **resta d'editorials**, que publiquen un llibre de contes en el període, són les següents: Bullent de Picanya publica un llibre de Josep Palomero. Germania d'Alzira un recull de l'autor Vicent Penya i Calatayud, l'editorial L'Eixample de Barcelona publica una obra de l'autora Maria Fullana. Pòrtic de Barcelona un de Vicent Pallarès i Porcar. 7 i mig de Benicull de Xúquer un d'Elies Barberà. La Federació d'Entitats Culturals del País Valencià d'Estivella un d'Encarna Sant-Celoni Verger. Bonaire de Tavernes Blanques un recull de l'autor Cristòfor Martí i Adell. L'Esquer també de Tavernes Blanques va publicar un llibre d'Albert Hernàndez i Xulvi. Almudín S.A. de València un de Bernat Capó. Dahiz de València un de Carles Llorca i Timoner.

La crítica rebuda pels reculls de narrativa breu

Hem estudiat els autors de contes des del punt de vista de la quantitat de la seua producció i ara voldria fer-ho des de la perspectiva de la seua qualitat literària que s'hauria de poder objectivar d'alguna manera, pot ser una de les variables que pot indicar la seua fortuna literària és la crítica que ha rebut l'obra, és a dir el ressò que l'obra en concret ha tingut en revistes literàries, o en altres escrits periòdics o especialitzats o fins i tot la seua difusió i/o traducció a altres llengües, donat el cas, així seguint l'ordre de publicació dels reculls de narrativa breu, en comentem la seua producció, la crítica sobre ella i altres aspectes literaris que ajuden a contextualitzar-ho tot plegat.

Els cucs de seda (1975) i *Quatre qüestions d'amor* (1998) de Joan Francesc Mira i Casterà (València, 1939)

Sobre ***Els cucs de seda*** (1975) hi ha un article de Josep Piera (1975) publicat a *Las Provincias*[78], que conclou dient que l'autor sap recrear a les pàgines de les narracions que escriu la personalitat col·lectiva, individual i psicològica, d'unes gents i d'un poble. Hi ha un estudi prou extens de Josep Palomero (1987) a la revista literària *L'Aiguadolç*[79] que conclou dient que el recull és una metàfora del descobriment de la vida i la mort per una colla de jovenets; va rebre moltes altres referències de forma indirecta o transversal en altres escrits publicats[80]

---

[78] PIERA, J., "Els cucs de seda", *Las Provincias,* 1975, XI, 2.

[79] PALOMERO, Josep, "A propòsit de *Els cucs de seda*", *L'Aiguadolç,* núm. 5, 1987, ps. 13-36.

[80] OLEZA, Joan, "La situació actual de la narrativa: entre l'autofàgia i la passió de contar", *Trellat,* núm. 4 *(Vint anys de novel·la catalana al País Valencià),* 1981, ps. 26-35, (ps. 69-82).
PALOMERO, Josep, "Joan F. Mira: El desig dels dies", *L'Espill,* núm. 9, 1981, ps. 152-155.
BELTRÁN, A., "Els desigs i els dies de Joan F. Mira", *Generalitat,* 1982, II, 16.
FERRER I SOLIVARES, Enric, "Deu anys de narrativa al País Valencià", *Saó,* núm. 73, *(Vint anys de novel·la catalana al País Valencià),* 1984, ps. 83-93.
PÉREZ MONTANER, Jaume, "Viatge al final del fred", *L'Espill,* núm. 20, 1985, ps. 189-191.
MIRA, Joan F., "Notícia Autobiogràfica", *L'Aiguadolç,* núm. 5, 1987, p. 11.

sobre la seua obra. És evident que va atraure l'atenció dels lectors perquè era la primera publicació de contes que es publicava coincidint amb la mort del dictador i segurament pel seu contingut, ja que el protagonista és un infant de catorze o quinze anys, la qual cosa va fer que fóra recomanada i llegida als centres escolars valencians, i això li va donar una certa popularitat, de manera que aviat, el 1980, es va reeditar. Segons Jaume Pérez Montaner[81] (1985) va ser un dels llibres més llegits de la moderna narrativa valenciana.

Sobre ***Quatre qüestions d'amor*** (1998), segon recull publicat per Joan-Francesc Mira, hi ha una *Nota de lectura* que va escriure Lluís Meseguer[82] (1988) on assenyala, entre altres aspectes, que l'autor no s'ha subordinat mai a l'estretor de cap gènere literari; també es va publicar al diari Avui i firmat per Ada Castells[83] (1988) una entrevista en què l'autor explica l'entreteixit de la seua obra:

> *El que buscava era una cosa que no havia fet mai i que no és gaire freqüent en la narrativa: l'expressió directa dels documents originals a través de les incrustacions i no a través de les citacions dels documents. El document o el fragment de document que apareix en la història forma part de la mateixa narració. No sé si ho tornaré a fer però em va fer molta gràcia fer-ho perquè justament disposava d'aquests documents tan bonics, tan interessants. Havia d'aprofitar-los per fer-los formar part de la mateixa narració.*

MULET, Carles, "Una aproximació a *Viatge al final del fred*", *L'Aiguadolç,* núm. 5, 1987, ps. 43-59.

RICARDO TRIGO, Xulio, "Si no és una obra d'art no és una bona novel·la", *El Temps,* 1989, XII, 25, ps. 75-76.

PIQUER VIDAL, A., "Una ambientació per a la novel·la valenciana dels setanta", *Miscel·lània Joan Fuster, III,* 1991.

AA.DD., "Daina entrevista Joan Francesc Mira", *Daina,* 10, 1992, ps. 71-91.

SALVADOR, Vicent / PIQUER, Adolf, *Vint anys de novel·la catalana al País Valencià,* Eliseu Climent, editor, 1992, 5, p. 26.

CALAFAT, Francesc, "Tribulacions d'una literatura en expansió", *70-80-90,* Eliseu Climent, 1992, 10, ps. 70-71.

LLURÓ, Josep M., "Tendències de la narrativa catalana dels vuitanta" (dins *70-80-90),* Eliseu Climent, editor, 1992,10, ps. 136-137.

[81] PÉREZ MONTANER, Jaume, "Viatge al final del fred", *L'Espill*, 20, 1985, p.189-191.

[82] MESEGUER, Lluís, "Cròniques dels designis de l'amor. Nota de lectura" (dins *Quatre qüestions d'amor*), *Eliseu Climent,* 1998, ps. 7-14.

[83] CASTELLS, Ada, "Joan Francesc Mira. Entrevista sobre *Quatre qüestions d'amor*", Avui, 1998, XII, 10, ps. 2-3.

D'aquesta manera podem dir que, simbòlicament, Joan Francesc Mira obri i tanca el període estudiat amb els dos reculls citats, i que fins a cert punt indiquen l'evolució de la nostra narrativa breu, d'una certa influència en el primer encara del costumisme pel que fa al contingut de les narracions (festes, quotidianitat, personatges que criden l'atenció del narrador, supersticions, realisme...) fins a una total independència del folklore i dels fets populars en el segon, on destaquen personatges originals i fora del corrent i en el qual l'autor fa provatures per mig d'incrustacions originals de textos històrics.

Joan Francesc Mira representa, en la nostra narrativa, l'autor que ha conreat diversos gèneres, a banda de la seua faceta assagística que també és molt coneguda, les seues novel·les i el seus contes no tenen paral·lelismes ni des del punt de vista tècnic, ni del contingut de les històries que ha contat, així per exemple a *Els cucs de seda* la història del xiquet passava a l'Horta de València, mentre que les seues novel·les els protagonistes són més majors i es desenrotllen a la ciutat de València o itineraris pel país, a *Els cucs de seda* moltes voltes el personatge principal és tan sols un espectador o un testimoni d'allò que passa, mentre que a la majoria de les seues novel·les el personatge principal és també aquell que actua i no sols contempla els fets contats.

***Històries marginals* (1982) i *Laodamia i altres contes* (1986) de Josep LOZANO (Alginet, 1948)**

És autor de l'obra *Crim de Germania* (1980), que va ser guardonada amb diferents premis literaris: Andròmina (1979), de la Crítica del País Valencià (1980), i Serra d'Or de la Crítica (1980), va publicar un recull de narracions curtes, *Històries marginals* (1982), a l'editorial Eliseu Climent i després tornaria a publicar-ne un altre titulat *Laodamia i altres contes* (1986), a la mateixa editorial; sobre el primer recull, Josep Franco[84] (1982) va escriure un article a la revista *L'Espill*. Vicent Salvador[85] (1987) també en parla en un estudi introductori al llibre *Crim de Germania* i remarca que *Histories marginals*

---

[84] FRANCO, J., "Josep Lozano: *Històries marginals*", L'Espill, *núm. 15*, 1982, ps. 162-164.

[85] SALVADOR LIERN, Vicent, "Estudi introductori" (dins *Crim de Germania)*, Eliseu Climent, 1987, ps. 7-69.

correspon encara a la primera època de l'obra de Lozano. Quatre de les cinc històries que l'integren tenen, d'una manera o altra, una ambientació rural

Josep Lacreu[86] (1987) va escriure un article a la revista *Daina* on destaca principalment les diferències entre el primer i el segon recull, diu que el llenguatge és més matisat en el segon que no en el primer, després que al primer llibre les històries s'elaboraven a partir de vivències de la memòria col·lectiva i en *Laodamia i altres contes* es parteix de la pròpia experiència personal, exceptuant "El senyal evident" i "Les dents", i la darrera diferència que marca: mentre que el primer recull és predominantment realista al segon abunda més la màgia i la fantasia, acaba el seu article assenyalant l'element constant de l'obra de Josep Lozano que ve representat per aquella mena de personatges marginals, diferents, que apareixen en tots dos reculls i altres obres seues.

Si cal senyalar algun tret de Josep Lozano és l'ús excepcional del llenguatge que tots els crítics destaquen. I també els seus inicis poètics que li ha valgut per a la seua pràctica de la narrativa breu. Llàstima que no hagen aparegut més llibres seus de narracions.

Tot en ordre (1984) i *Gris* (1984) de Manel Joan i Arinyó (Cullera, 1956)

Començà escrivint poesia, el 1982 va guanyar el Ciutat de Benissa de narrativa, amb la narració *El colp*, després aconseguí el premi de narrativa Ciutat d'Olot amb el recull *Han donat solta als assassins* que va ser publicat per l'editorial de la Diputació de Girona, el 1983, aquesta obra ampliada va ser publicada per l'editorial d'Eliseu Climent i catalogada, a la solapa de la contraportada, com a novel·la. Després veurà publicat el recull *Coses de folls* el 1985 per l'Ajuntament d'Alzira, escrit el 1981 quan l'autor es trobava a Oriola exercint la seua tasca docent. A continuació publicà dos reculls de narrativa curta en l'editorial Cingle de València *Tot en ordre* i *Gris* el mateix any, 1984, les quals

---

[86] Lacreu Josep, Josep Lozano: La paraula pròdiga. *Daina* núm. 2, Revista de literatura, Eliseu Climent, Editor, Març 1987.

han estat comentades per Antoni Prats (1989), en un article de la revista *L'Aiguadolç,* on diu que el primer segurament es tracta del recull de relats més valuós d'aquest període[87]. i el segon, *Gris,* fa de pont amb els llibres posteriorment publicats[88]. Té altres reculls de narracions breus publicades per altres entitats com *Coses de folls* (1985) per l'ajuntament d'Alzira, i *Stress* (1985) a l'editorial El Llamp de Barcelona, a més d'altres narracions de temàtica infantil, juvenil i novel·les.

Dotze contes i una nota necrològica (1985) d'Encarna SANT-CELONI VERGER (Tavernes de la Valldigna, 1959)

Va publicar *Dotze contes i una nota necrològica* (1985), a la F.E.C.P.V. d'Estivella, "Col·lecció: Papers inicials". I de la qual a hores d'ara no he trobat cap referència crítica.

Confidencial (1986) de Beatriu CIVERA (València, 1914 - 1995)

Va escriure un recull, *Vides alienes,* que va merèixer el premi Víctor Català de narració curta i va ser publicat a l'Editorial Selecta de Barcelona, el 1975. I un altre recull *Confidencial* (1986), a l'Editorial Gregal[89]. De la primera es diu a la revista *El Temps* número 580 (31-7-1995) *que* 'els especialistes valoren com la seua obra més madura.' A la cinquena pàgina comença el pròleg del narrador Vicenç Riera i Llorca que parla sobre l'autora i el recull de la següent manera:

> *(...) el primer llibre, amb el qual un autor valencià guanya un dels nostres premis més importants de narració des que Ernest Martínez Ferrando va obtenir el "Joan Crexells" el 1935.* ***Vides alienes****, guardonada amb el "Víctor Català" 1974, és un aplec de narracions explicades amb una tècnica realista i un esperit protestatari que desfà la imatge d'escriptora de novel·la rosa que alguns crítics, poc atents en la feina que els escau de classificació, d'anàlisi i de*

---

[87] PRATS, Antoni, "Breu aproximació a la narrativa de M. Joan i Arinyó", *L'Aiguadolç*, núm. 9-10, 1989, p. 150.

[88] PRATS, Antoni, "Breu aproximació a la narrativa de M. Joan i Arinyó", *L'Aiguadolç*, núm. 9-10, 1989, p. 151.

[89] El qual apareix esmentat a la pàgina 176 del llibre *Literatura actual al País Valencià (1973-1992)* de SIMBOR, V. - CARBÓ, F.

valoració, li havien creat per una part de la seva obra anterior editada a València.

I després fa una anàlisi de la producció narrativa de l'autora i dels set contes que apareixen al llibre.

Del segon llibre encara no en tinc cap de referència crítica.

Antropologia parcial (1986) de Josep FRANCO I MARTÍNEZ (Sueca, 1955)

És autor d'un recull publicat per Eliseu Climent, titulat *Antropologia parcial* (1986) sobre el qual no tinc enregistrada cap crítica, són divuit narracions que van ordenades per ordre alfabètic dels títols, des de la primera titulada 'Bingo' fins l'última, 'Video'. El títol del recull és ambigu i no indica al lector què és el que llegirà.

Tirar les cartes (1986) de Josep GREGORI (Alzira, 1959)

Va publicar, el 1986 a l'editorial Bromera, l'obra *Tirar les cartes,* un recull de cinc relats de diversa temàtica, que va tenir un cert ressò en el món de l'ensenyament on anava dirigida, així tenim una primera ressenya de Vicent Borràs[90] (1986) que destaca aquest intent de presentar al món estudiantil literatura de qualitat, un segon escrit crític de P. M. i B.[91] (1988) sobre l'obra assenyala que hi ha massa errors gramaticals tenint en compte que és pensada per a estudiants i animava l'editorial perquè la reeditara corregint les errades, cosa que fins ara no ha succeït.

La roda de la Fortuna (1986) de Cristòfor MARTÍ ADELL (Alboraia, 1940)

És autor de *La roda de la Fortuna*, llibre publicat a l'editorial Bonaire de Tavernes Blanques el 1986. El 1988 va publicar un altre recull de narracions editat per l'ajuntament

[90] BORRÀS I CASTANYER, Vicent, "Un desgavell plausible", El Temps, núm. 117, 1986, IX, 15, p. 58.
[91] P.M. I B, "Tirar les cartes", Escola catalana, *núm. 247*, 1988, VI.

de Xàtiva titulat *Babel, Babel*. També ha escrit narracions infantils i novel·les.

Cronicó del sisé (1987) de Bernat CAPÓ (Benissa, 1928)

Autor de *Cronicó del sisé* (1987), publicat a l'editorial Almudín de València, i segurament en un article, Ricard Blasco[92] (1987) parla sobre aquesta obra així com a la cloenda del llibre on el crític esmentat glossa la seua bondat literària. Hi ha un advertiment inicial de l'autor en què explica la gènesi del llibre.

Narracions de Macolim (1987) de Vicent ESCRIVÀ (La Font d'En Carròs, 1948)

És autor del recull *Narracions de Macolim* (1987) que publicà l'editorial Gregal, narracions que van ser escrites anteriorment ja que són esmentades en el pròleg que va fer Jaume Pérez Montaner (1984), professor de la Universitat de València, al recull *El primpríncep Hussein i altres narracions* publicat per l'Ajuntament de Gandia. També és autor d'altres narracions soltes publicades a 'El conte del diumenge', narracions juvenils, infantils, novel·la i poesia.

Crims relatius (1988) i *Els penitents* (1991) de Tomàs BELAIRE (València, 1960)

Va publicar un primer recull de contes[93] editat per l'Ajuntament de Catarroja, després *Crims relatius* (1988) i *Els penitents* (1991), totes dues editades per Eliseu Climent, a més d'una novel·la juvenil[94] i darrerament una novel·la[95]. Les referències crítiques sobre els dos reculls són prou nombroses:

---

[92] BLASCO, R., "Eros benissenc", *Qué y Dónde,*1987.
[93] *Els Habitants de la tragèdia* (1986), Ajuntament de Catarroja, "Col·lecció Joan Escrivà".
[94] *El laberint de les tres corones*, editorial Tabarca, València, 1993.
[95] *El Perseguidor d'ombres* (Subtítol*: La construcció*), Edicions 62, 1993, "Col·lecció: El balancí".

ARIAS, Fernando	"En mis narraciones..."	*Hoja del Lunes de Valencia*	1989	III	18	
DOLÇ, Miquel	"Narrativas en contraste"	*La Vanguàrdia*	1989	III	24/25	p. 25
IBORRA, Josep	*"Crims relatius"*	*Saó*, núm. 115	1989	01	1	p. 15
PAU JANER, Maria de la Pau	*"Crims relatius"*	*L'Aventura de llegir*	1989	IV		
PUNTÍ, Jordi	"Exercicis d'estil"	*La Marxa*	1991	V	10	
SIMBOR, V., CARBÓ, F.	*Literatura actual al País Valencià (1973-1992)*	IUFV/Abadia de Montserrat	1993			
GRANELL, Marc	"Víctimes"	*Levante. Postdata*	1995	X	20	

Barroca mort (1988) de Vicent-Josep ESCARTÍ (Algemesí, 1964)

Va publicar *Barroca mort* (1988) a l'editorial Bromera, d'Alzira, obra que va rebre un allau de recensions, primerament el llibre porta una introducció de Vicent Borràs (1988) que assevera que les dues narracions que presenta el llibre són dos contes i que ha de ser bandejada la idea que el conte és un gènere inferior al de la novel·la[96], bandejament que segons el comentarista fàcilment es demostra al llarg de la història de la literatura. Molt prompte apareix al diari de Barcelona la primera ressenya, escrita per Albert Rossich[97] (1988) que segueix la introducció esmentada, i l'únic retret que li fa a l'autor és l'ús mecanicista de l'hipèrbaton. Xulio - Ricardo Trigo[98] (1988) remarca la joventut de l'autor i les dosis d'irrealitat dels relats del llibre. Tomàs Llopis[99] (1989) a la Revista *l'Aiguadolç* fa una llarga anàlisi de l'obra remarcant també

---

96 BORRÀS I CASTANYER, Vicent, Introducció a *Barroca mort,* Bromera, Alzira, 1988, p. 8.

97 ROSSICH, Albert, 'Mirar amb ulls barrocs', *Diari de Barcelona,*1988, IX, 27.

98 TRIGO, Xulio-Ricardo, "Una mort que obri camins", Papers de Cultura, núm. 9, 1988, XI.

99 LLOPIS, Tomàs, "El Barroc negre", *L'Aiguadolç,* núm. 8, 1989, I, 01, ps. 77 - 82.

la promesa literària que representa Escartí i fins i tot curiosament arriba a desitjar, premonitòriament, que les seues obres futures siguen més llargues. J. Leonardo[100] (1989) diu que a l'obra es mescla la màgia i la realitat i que l'autor és profeta a la seua terra. Finalment Francesc Viadel i Juli Camarasa a la revista *El Temps* estableixen un paral·lelisme entre el temps històric tractat a l'obra i l'actual i etiqueten l'obra com una novel·la del gènere històric amb un to molt personal.

Un palau d'hivern (1988) de Joan Calduch i Cervera (Pedralba, 1950)

És l'autor i Gaspar Jaen i Urban (1952), l'arranjador i versionador, segons s'aclareix al prefaci, de l'obra *Un palau d'hivern* (1988), recull de contes publicats per Eliseu Climent, allí mateix es diu que l'obra es troba entre la literatura i la urbanística, l'erudició i la fantasia. El mateix any de la seua publicació va merèixer l'atenció de dos articles, un de Vicenç Llorca[101] (1988) que posa un però en el bastiment dels relats i pensa que els contes presenten massa senzillesa narrativa mentre que l'altra ressenya de Manel Ollé[102] (1988) descriu la composició del llibre, remarcant la ironia que sura en tot ell.

L'Antic desig (1989) d'Albert Hernàndez i Xulvi (Catarroja, 1942)

Va publicar el recull *L'Antic desig* (1989), a l'editorial L'Esquer de Tavernes Blanques sobre la qual no conec cap ressenya crítica fins ara. L'autor, molt polifacètic, ha publicat diverses narracions curtes en altres entitats del País Valencià com ajuntaments (Catarroja, Mislata, Sollana) i Generalitat, i també en l'editorial Pagés de Lleida. Ha

[100] Leonardo, J., "Escartí, profeta en su tierra" [*Barroca mort*], Levante La Ribera Alta,1989,III,30.
[101] Llorca, Vicenç, "Del projecte i la ciutat", *Lletra de canvi*, núm. 10, 1988, X, p. 48.
[102] Ollé, Manel, "Joan Calduch i Gaspar Jaén: Un palau d'hivern", *Revista de Catalunya*, núm. 23 , 1988, X, p. 164-165.

editat novel·les, així com narratives dirigides al públic infantil i juvenil, poesia i fins i tot obres de teatre.

Contes feiners (1990) de Maria FULLANA (València, 1958)

Va publicar *Contes feiners* (1990) a l'editorial d'Eliseu Climent de València, sobre la qual no tinc cap ressenya crítica. Escriptora de poesia i narrativa curta. Ha publicat un llibre de narrativa curta al Principat, a l'editorial l'Eixample de Barcelona, titulat *Joc de dames*, i un altre dirigida al públic infantil, *Bon viatge fa la cadernera*.

Contes del bon oratge (1990) de Josep RAUSELL (Gandia, 1926)

Va publicar *Contes del bon oratge* (1990), a l'editorial Colomar d'Oliva, el qual va ser objecte per part de Gabriel Garcia[103] (1997) d'un estudi en què remarcava un domini i una naturalitat en el maneig dels recursos lingüístics molt superior als demostrats en els seus treballs anteriors.

València roig & negre (1990) de Josep Lluís SEGUÍ RICO (València, 1945)

Va publicar a Bromera d'Alzira, el recull *València roig & negre* (1990), l'únic que ha tret al públic per mig d'una editorial valenciana, sobre la qual parla el mateix autor en una entrevista que li van fer el 1991

> *València. Roig & Negre*, tot tractant el tema de la delinqüència, és un reflex de la passió mortal de la ciutat: morir, matar. En molts casos per amor. No m'interessa massa viatjar, m'agrada més que res el desplaçament. I els hotels; una copa al bar, xerrar amb els cambrers; els restaurants de cada ciutat estrangera, els carrers i la seua gent. I la ciutat simbòlica, per a mi, hauria de ser una simbiosi de València, París, Barcelona, New York i algunes parts de La Havana". (**La Vila Joiosa, febrer del 1991**).

---

103 GARCIA FRASQUET, Gabriel, "La producció narrativa de Josep Rausell" dins l'obra *De Josep Rausell a Pep Mosca,* CEIC Alfons el Vell,1997, p. 55.

Una selva al replà (1992) de Pau Joan HERNÀNDEZ (Barcelona, 1967)

Va publicar *Una selva al replà* (1992), a l'editorial Bromera d'Alzira, obra que va rebre les següents crítiques, primerament la de la introductora de l'obra, Mercè Giralt[104] (1992) que fa una anàlisi de l'obra remarcant-ne els trets següents: humor de l'absurd, iconoclàstia cultural, narrador interposat utilitzat de forma humorística i finalment els noms propis dels personatges. Rafa Roca[105] (1992) va descriure el llibre i destacà la unitat del lloc (tot passa en el mateix indret), el joc semàntic dels noms dels personatges, i l'estil lleuger i fresc amanit per un important component humorístic que en ocasions ratlla el surrealisme. En una entrevista realitzada per Roger Persiva[106] (1993) publicada a *El Periódico* l'autor afirmava que

> habré de buscar otro estilo, otra forma de escribir, otra forma de narrar y otra forma de plantear las historias. La diferencia es que escribir para jóvenes requiere abarcar distintos niveles porque tu lector puede ser de muchas edades y de distintos grados de madurez.

Anna M. Gil[107] (1993) destaca del recull el seu vessant didàctic fent referències contínues al text de Mercè Giralt que introduïa el llibre.

Antoni Miró i els desgavells del Mas de la Sopalma (1993) i *El capità Caliu i altres contes mariners* (1995) de Carles LLORCA I TIMONER (Cadis, 1925 - Els poblets, 1996)

---

[104] GIRALT, Mercè, Introducció a *Una selva al replà, Bromera,*1992, XI, p. 16.

[105] ROCA, Rafa, "Els habitants d'un edifici molt particular", *Avui*, Retalls de premsa, Bromera , 1992, III, 21.

[106] PERSIVA, Roger, "Los autores tenemos una responsabilidad ética" [entrevista], *El Periódico,*1993, I, 6.

[107] GIL, Anna M., "Narrativa. Humor i absurd amb objectius didàctics" (sobre *Una selva al replà*), *Avui,* Retalls de premsa, Bromera, 1993, II, 14.

El primer *Antoni Miró i els desgavells del Mas de la Sopalma* (1993) va ser publicat a l'editorial Dahiz de València, el segon *El capità Caliu i altres contes mariners* (1995), a Colomar editors d'Oliva. El primer sembla més un dietari, amb capítols, sobre uns fets que li han passat a l'autor, encara que farcits de molta imaginació i fantasia, que un llibre o recull de contes literaris; sobre el segon no tinc encara cap notícia. Tampoc no en tinc cap referència crítica sobre aquestes obres.

Sala d'espera (1996) de Vicent Borràs (Algemesí, 1962)

Va rebre moltes ressenyes, des de molt aviat, després d'aconseguir el vuitè premi Vila de Perpinyà Modest Sabaté el 1995, unes fent referència al premi aconseguit i descrivint l'obra i altres valorant el recull. D'entre el grup de les primeres en trobem diverses[108] i d'entre el grup d'articles ponderatius hi ha en primer lloc l'entrevista que Lluís Bonada[109] (1996) fa a l'autor a propòsit de la publicació i en la qual Vicent Borràs confessa que els contes aplegats manifesten una preocupació per la comunicació conflictiva entre les persones, i sobre el títol del recull reconeix que

> Em va costar molt trobar-lo. El vaig trobar quan no em quedava més temps per pensar-hi i era a la sala d'espera d'un hospital. El llibre comença en una sala d'espera. Té la lectura de les situacions comunicatives difícils de totes les sales d'espera. I és una metàfora de la vida.

L'any següent (1997) un comentarista anònim escriu una ressenya sobre el recull a la revista Illa[110] i diu que els

---

[108] *L'independant,* 1995, VI, 17;
*Diari de Girona,*1995, VI, 17;
La depeche du midi, 1995, VI, 22.
Codonyan, Pere, "Perpinyà promou la creació literària catalana", *El Temps,* núm. 576, 1995, VII, 3, p.96
Perpignan. Le magazine de Perpignan la Catalane, Núm. 10, 1995.
Lluís, Joan-Lluís, "L'editorial El Trabucaire publica les dues novel·les que van obtenir el Vila de Perpinyà", *El Punt,* 1996, V, 28.
"Vicent Borràs guanya el premi "Vila de Perpinyà - Modest Sabaté 1995", *L'Illa,* núm. 16, 1996, p. 30.
Lluís, Joan-Lluís, El Trabucaire publica les novel·les que van guanyar el Vila de Perpinyà", *El Punt* (Barcelonès) , 1996, V, 28.

[109] Bonada, Lluís , "Marilyn Monroe em va fer dubtar fins al final", *El Temps,* núm. 620, 1996, V, 7, p. 88.

contes revelen la separació ínfima entre la realitat i la ficció, entre la versemblança i la mentida i que l'autor té una prosa segura, sense exuberàncies, amant del qualificatiu precís, capaç de crear atmosferes efectistes i amb una lleu tirada cap a la ironia àcida.

Vicent Alonso[111] (1997), després d'indicar el llast històric que significa la disposició de tots plegats (lectors, escriptors, editors i crítics) en considerar com un gènere menor el recull de contes, fa una anàlisi del recull marcant els dos nivells que s'hi troben, el del conte i el de la unitat de tot el recull i acaba manifestant que

> ja seria hora que algun dels nostres escriptors s'entestara a construir un món des d'un gènere que, com ha dit algú, vol encabir l'eternitat dins un espai i un temps ben efímers.

Encara n'apareixen més de crítiques sobre *Sala d'espera*, Vicent Nàcher[112] (1997) que fa una anàlisi minuciosa i una interpretació del recull; Vicent Alonso[113] en dues ocasions, la segona de les quals torna a parlar de l'obra incidint sobre el sentit d'unitat que té tot el recull. Francesc Calafat[114] que també parla d'aqueix sentit unitari del llibre de Borràs. Altra volta Vicent Alonso[115] (2001) crida l'atenció dels lectors envers el recull per la seua complicació formal que no és obstacle perquè hi haja històries variades, amb sorpreses i ironies.

Els colors de la solitud (1996) i *Les Quatre Edats d'Eros* (1996) de Joaquim González i Caturla, (Alacant, 1951)

---

110 "Sala d'espera *de Vicent Borràs", L'Illa*, núm. 17, 1997, p. 28.
111 Alonso, Vicent , "*Contes d'un nou narrador*", Caràcters, núm. 1, 1997.

112 Nàcher, Vicent, "La literatura com a viatge irreal", Aljamia, núm. 11, 1997, 01, 01.
113 Alonso, Vicent , "*Notes sobre la narrativa breu al País Valencià (1973-1997)", Serra d'Or*, núm. 457, 1998, 01, 01.
Alonso, Vicent , "*Sobre la publicació en forma de recull del conte contemporani" (dins* Actes del I Simposi Internacional de Narrativa), IIFV-Montserrat, 1998.
114 Calafat, Francesc, "*Pròleg" a* El conte a València, Edicions de la Magrana, 1999, p. 23.
115 Alonso, Vicent, "Sobre contistes valencians" , *Saó,* núm. 249, 2001, ps. 28.

Va publicar, el mateix any 1996, dos reculls a l'editorial Bromera d'Alzira: *Els colors de la solitud* i *Les Quatre Edats d'Eros*; sobre el primer hi ha les següents informacions: una entrevista amb l'autor que va realitzar Jordi Sebastià[116] (1996) en què es dialoga sobre el motiu d'escollir el tema de la solitud per al recull i la localització a Alacant de les principals accions, Enric Balaguer[117] (1996) opina que el tema principal del recull gira al voltant de les relacions humanes i que la ciutat d'Alacant (escenari dels fets) esdevé tangible i al mateix temps genèrica.

Les Quatre Edats d'Eros guanyà el III premi de literatura eròtica La Vall d'Albaida de l'any 1995, i sobre el qual hi ha abundants referències: primerament la notícia del premi a la revista Illa[118] en què es descriu el llibre i es parla de l'autor i de les seues obres anteriors (llibres juvenils i rondalles populars), a l'entrevista esmentada anteriorment de Jordi Sebastià[119] (1996) l'autor considera que el recull és més optimista que l'anterior ja que els contes tenen un missatge clar: l'amor ens permet seguir endavant. A la revista del centre de lectura de Reus[120] un comentarista anònim diu que al llibre apareixen

> contes correctes, ben treballats, ben cohesionats... però que es veuen dirigits a aconseguir algun guardó. Exemple d'obres necessàriament premiables si hi concursen

Gemma Pellicer[121] remarca com l'autor esculpeix amb encert uns sentiments que oscil·len al voltant d'un clima tan voluble com els estats d'ànim que es proposa descriure. I analitza el llibre que s'estructura en les quatre estacions de l'any. Altra volta a la revista l'Illa[122] (1997) apareix una ressenya anònima en què es destaca com els personatges dels quatre contes del

---

116 SEBASTIÀ, Jordi, "Insolidaritat: un dels 'colors de la solitud'" (Entrevista a l'autor Sobre *Els colors de la solitud* i *Les quatre edats d'Eros*), *El Temps*, núm. 618, 1996, IV, 22, p. 73.

117 BALAGUER, Enric, *La capacitat fabuladora de Caturla"*, Información, Arte y Letras, 1996, V, 16, p. 3.

118 "Notícies: *Les quatre edats d'Eros* guanya el III premi de Literatura Eròtica La Vall d'Albaida", *L'Illa*, núm. 16, 1996, p. 30.

119 SEBASTIÀ, Jordi, "Insolidaritat: un dels 'colors de la solitud'" (Entrevista a l'autor Sobre *Els colors de la solitud* i *Les quatre edats d'Eros*), *El Temps*, núm. 618, 1996, IV, 22, p. 73.

120 "*Les quatre edats d'Eros*" , Revista del Centre de Lectura de Reus, núm. 29 , 1996, XI, p. 12.

121 PELLICER, Gemma, "*Les mudes del cor*", Avui, Suplement de Cultura, 1996, X, 3, p. VII.

122 "*Les quadre edats d'Eros* de Joaquim G. Caturla", *L'Illa*, núm. 17, 1997, p. 28.

llibre miren amb altres ulls el futur en deixar-se arrossegar per la força del desig. Rafael Alemany Ferrer[123] (1996) parla dels trets comuns que tenen les quatre narracions i que la visió del sexe és feliç i positiva així com ressalta el llenguatge acurat i ple de metàfores i referències al sexe.

Els somnis possibles (1996) de Vicent PENYA I CALATAYUD (València, 1961)

El volum porta un pròleg escrit per Josep Vicent Frechina (1996) en què reivindica l'obra com basada en somnis i detalls, es divideix en tres blocs, un primer on es reflexiona sobre el procés creatiu, un segon on predomina el realisme màgic i un tercer, setze contes brevíssims de pensaments.

Potser hi haja alguna crítica més?

ALONSO, Manel, "El tintatge dels somnis", *Saó*, núm. 219, p. 46.

Dones (1997) d'Isabel-Clara SIMÓ (Alcoi, 1943)

És autora de nombroses obres literàries, ha escrit diversos reculls de narracions: *És quan miro que hi veig clar* (1979), *Bresca* (1985), *Alcoi - Nova York* (1987), *Històries perverses* (1992), *Perfils cruels* (1995) i *Dones* (1997), totes les quals han estat publicades a Barcelona i tan sols l'última ha estat reeditada a l'editorial Bromera d'Alzira. Sobre aquesta darrera hi ha les següents ressenyes: Alfred Aranda[124] (1998) que remarca la varietat de temes tractats al recull, el domini del llenguatge i que malgrat el títol el recull és un llibre per a tothom. Una adaptació de l'obra va ser portada al cinema[125], ha publicat, també a Barcelona, una tria de les seues narracions realitzada per Carles Cortes[126] (1999). L'autora ha reivindicat el conte com a gènere

---

[123] ALEMANY FERRER, Rafael, *"Sexe feliç", Información, Arte y Letras,* 1996,V,16, p. 3.

[124] ARANDA, Alfred, "*Dones* d'Isabel-Clara Simó", L'Illa, núm. 21, 1998, p. 28.

[125] CABEZAS, Bea, "Les 'dones' d'Isabel-Clara Simó van al cinema", *El Temps*, núm. 867, 2001, 01, 23, ps. 60-61.

[126] *Contes d'Isabel* (tria a cura de Carles Cortés), "Col·lecció Clàssica", Columna, Barcelona, 1999.

independent amb aquestes paraules en una entrevista que li va fer Lluís Bonada[127] (1995):

> **Podeu fer contes mentre escriviu una novel·la?**
> M'agrada separar-ho. Una cosa no és el farcit de l'altra. Aprofito la pregunta per una vegada més reivindicar la categoria literària del conte, que no és una novel·la curta ni una novel·la de segona. El conte que a mi m'agrada de fer tindria una relació amb un quadre expressionista i una novel·la, no.

Cinc lais. Eròtica cavalleresca (1998) de Josep M Morreres Boix, (Barcelona, 1952)

El recull *Cinc lais. Eròtica cavalleresca* (1998) ha estat publicat a l'editorial Bromera d'Alzira i va ser Premi de Narrativa Eròtica La Vall d'Albaida, 1994. Hi ha una ressenya anònima a la revista L'Illa[128] en què s'informava del premi, i es parlava sobre l'autor i l'obra.

Quaranta contes breus i un llarguíssim poema d'amor (1999) d'Elies Barberà, (Xàtiva, 1970)

Publicat a l'editorial 7 i mig de Benicull de Xúquer, porta un pròleg escrit per Antoni Espí i Cardona (1999) en què comenta la faceta de l'autor de desmitificar i mitificar (...) fer a miquetes la moral i els prejudicis; també Elies Barberà en el seu avís (mena de pròleg que apareix al llibre) diu que els meus escrits són, moltes vegades, denúncies. I també són venjances personals; Josep Manuel San Abdon[129] (2001) va fer-ne una ressenya descriptiva del recull al diari Avui destacant els dos temes predominants del recull: l'amor i la mort.

---

[127] Bonada, Lluís, "La violència inútil", *El Temps*, núm. 588, València, 1995, IX, 25, p. 89.

[128] "Josep M. Morreres guanya el II premi de literatura eròtica a la Vall d'Albaida", L'Illa, núm. 13, 1995, p. 19.

[129] San Abdon, Josep Manuel, 'Amor i mort, Elias Barberà, Quaranta contes breus i un llarguíssim poema d'amor", Avui, 2001, 1, 25.

Relats de la creença (1999) d'Alan GREUS (Alginet, 1967)

Relats de la creença (1999) ha merescut les següents crítiques i ressenyes: en primer lloc la de Vicent Borràs[130] (1999) que després d'una informació de la producció literària de l'autor i de la seua tendència narradora perfeccionista deixa entreveure que li recorda una mica a Calders o Monzó. Després va aparèixer la de Isaac Fernàndez[131] (2000) que compara la imaginació de l'autor amb el nord-americà Ray Bradbury dels últims reculls de contes. Josep M. San Abdón (2000)[132] assenyala a més de Calders i Monzó una certa influència de Kafkà. Lluïsa March[133] (2000) destaca que El recull presenta una gran diversitat de recursos narratius. Des de narracions que freguen el corrent del «realisme màgic» (...) fins a relats que accentuen hiperbòlicament les actituds o els trets de caràcter de determinats personatges. Antoni Zaragozà[134] (1999), diu que el resultat (dels contes) no deixa mai de sorprendre el lector, ja que a partir d'una situació objectiva s'esdevindrà un absurd, un fet inexplicable, o un retrat impossible. I que l'autor imprimeix, en cada un dels seus relats que conformen aquest recull, un estil molt personal, mitjançant una prosa rica, clara i molt àgil.

Ahir van ploure granotes (1997) de Ramon GUILLEM (Catarroja, 1959)

Ha estat objecte de les següents referències, una ressenya anònima[135] (1997) en què es descriu el recull i s'hi destaca el bon ritme, l'estil gens pretensiós, la unitat del conjunt i els tocs d'humor. Lluís Bonada[136] (1997) en una entrevista a l'autor parla sobre el títol del recull, sobre la

---

[130] BORRÀS, Vicent, "La creença en els relats", *L'Illa*, núm. 23, Alzira,1999, p. 20.

[131] FERNÁNDEZ, Isaac, "Jocs de realitat", *Suplement de 'Cultura',* Avui, *Barcelona,*2000,I ,20, p. XIII.

[132] SAN ABDÓN, Josep M., "A la recerca d'un camí propi", *La Veu de Benicarló,* 2000, I, 21.

[133] MARCH, Lluïsa, "Llegir per a creure", *El Punt,* València,2000, II, 6.

[134] ZARAGOZÀ, Antoni, "Amb els ulls closos", Suplement 'Postdata', *Levante-EMV,* València,2000,II,18.

[135] "*Ahir van ploure granotes* de Ramon Guillem", L'Illa, núm. 18, 1997, p. 25.

[136] BONADA, Lluís, "He fet prosa per obrir finestres, eixir fora de mi", *El Temps*, núm. 691, 1997, IX, 15, p. 72.

independència de cada conte i que per a l'autor la prosa significa una eixida a l'exterior i finalment es reivindica el conte com a gènere diferent de la novel·la. Dos articles, als diaris *Avui* i *Levante*, de Rosa De Diego[137] (1997) i Manel Alonso (1997)[138] respectivament se'n van fer eco de la publicació. Xulio Ricardo Trigo[139] (1997) indica que el recull és format per deu contes que es poden inscriure sota el qualificatiu de realisme fantàstic plens de situacions delirants que ranegen a la comicitat, i també una treballada ironia. Contes amarats de classicisme, doncs, però moderns i atractius.

Ramon Guillem cisella la frase amb el mestratge del poeta, però en lloc de perseguir la intensitat lírica, va a l'encalç d'una intensitat de sentit que assoleix alhora ambdues funcions, la lírica i la narrativa.

I encara hi ha un altre article de B.M.[140] (1997) que en fa referència.

Llegendes urbanes i narracions suburbials (1999) de Bienve Moya (Vilanova i la Geltrú, 1944)

Ha rebut poca atenció per part de la crítica (segurament per ser un català que publica al País Valencià, ni els d'ací ni els d'allà se n'han fet molt de ressò), tan sols hi tinc consignades dues referències aparegudes al diari *Avui* una de Francesc-Marc Àlvaro i que en parla de gairell sobre l'obra del vilanoví i una descripció més detallada de Miquel Baltarí.

Ella ve quan vol (1999) de Matthew Tree (Londres, 1958)

Té dedicat un article signat per Joan Manuel Matoses[141] (2000) en què diu que sorprén l'aclaparador domini del llenguatge i del vocabulari tenint en compte que la primera

---

137 De Diego, Rosa, "Dimensions desconegudes", *Avui,* 1997, VI, 19.
138 Alonso, Manel, "Contes per a tot l´any", *Levante,* 1997, VII, 18.
139 Trigo, Xulio Ricardo, "Un recull de contes modèlic", *El Temps*, núm. 686, 1997, VIII, 11, p. 71.
140 B.M., "Contes i contes", *Revista del Centre de Lectura de Reus,* núm. 38, 1997, XI, p.13.
141 Matoses, Joan Manuel, "Un guiri a València", *Caràcters*, núm. 11, 2000, IV, p. 14.

llengua de l'autor és l'anglès, però sobre el contingut de les històries que s'hi conten el comentarista opina que hi ha excessos de títols, una pobra estructura interna dels relats, i la falta d'una trama encomanadissa.

Viure al ras (2000) de Rafa GOMAR (Gandia, 1955)

Recull que ha rebut molts escrits. Primerament hi ha un article de Vicent Garcia[142] (2000) que comenta la predilecció de l'autor pels gèneres breus així com l'estranyesa que li produeix (a l'autor) el fet que els escriptors valencians no escriguen sobre temes i problemes actuals (...) cada conte, si et fixes, està escrit amb una estructura i un llenguatge distint (...) Rafa Gomar No cau mai en la declaració pública de sentiments, o d'idees i sempre ens deixa la porta oberta a la nostra lectura. Una literatura en què els protagonistes som nosaltres, els lectors. Sergi Verger[143] (2001) sintetitza la seua opinió sobre el recull de la següent manera: Al llarg de dèsset contes, Rafa Gomar ens demostra la seua versatilitat com a narrador desplegant un amplíssim ventall de registres formals i ens parla d'alguns dels seus temes preferits: la soledat, la incomunicació, el destí o l'atzar, i el fet literari. Arantxa Bea[144] (2001) diu que allò que realment arrodoneix el volum és la capacitat de l'autor per a reflectir sentiments i estats d'ànim, per a construir circumstàncies quotidianes on ens reconeixem i reconeixem els altres amb facilitat. Sergi Verger[145] (2001) opina en un altre article, contràriament al que deia Vicent Garcia, que l'autor estableix un joc literari de trencament d'expectatives de lectura on el lector, incapaç d'endevinar el pas següent i la nova direcció que prendrà la narració, esdevé un simple titella, una joguina sense voluntat pròpia obligada a sotmetre's a les directrius que li marca l'autor. Un article anònim de Canfali/Dénia[146] (2001) destaca que l'autor Gomar reflecteix la seua visió particular de la vida actual i de la literatura. Alícia Toledo[147] (2001) marca com a trets definidors

---

[142] GARCIA, Vicent, 'Pòquer de llibres per a Nadal', *Safor Guia*, núm. 699, 2000, VII, 21.

[143] VERGER, Sergi, 'Persones humanes', *Lletres valencianes*, núm. 4, 2001, ps. 58-59.

[144] BEA, Arantxa, 'Fragments d'existència amb tocs d'humor' Rafa Gomar *Viure al ras, El Temps*, núm. 864, 2001, I, 2, p. 65.

[145] VERGER, Sergi, 'Una vida difícil, Rafa Gomar, *Viure al ras', Caràcters*, núm. 14, 2001, I, p. 15.

[146] "Viure al ras" de Rafa Gomar reflexa una visió personal de la vida i la literatura', Canfali/Dénia, 2001, I, 27, p.24.

del recull la localització a la ciutat de València, les referències a temes actuals així com la presència del realisme màgic en la tercera part i la de personatges atuïts que, dintre les diverses situacions en què es troben, cerquen insistentment i de manera frenètica, en la immensitat de l'urbs, el contacte i la comprensió (...). Jordi Sebastià[148] (2001) qualifica el recull de magnífic i diu de l'escriptor que ha estat qui més i millor ha treballat aquest gènere. Alícia Toledo[149] (2001) en un altre escrit defineix el recull de Gomar com un recull de mestissatges: narratius, temàtics i estilístics. Oscil·la del lirisme més dramàtic a la paròdia i la deformació grotesca. Hi conviuen, a més a més, dos estils narratius o, més aviat, dos tradicions de contes -la de Txékhov i la de Kafka-Borges. De manera que algunes històries satisfan el desig de realitat i unes altres ens ensenyen com anhelem encara saber què hi ha més enllà de la suposada realitat. I és més, aquesta fluctuació d'estil i de to en les seues històries incideix, de manera essencial i definitòria, en l'estructura del llibre. Així doncs, si els de la primera i la segona part són contes realistes, fidels a la nostra existència immediata i que cerquen la veritat, per contra els de la tercera s'esmercen en la fantasmagoria i en l'univers fantàstic de reminiscències caldersianes, per tal de destriar el revers de la veritat. Totes i cadascuna de les històries de *Viure al ras,* però, persegueixen extremir el lector i capbussar-lo en la reflexió sobre la dura i monòtona condició humana. Vicent Alonso[150] (2001) diu que *Viure al ras* interessa precisament perquè anuncia maneres noves en els temes i en la construcció, com si Gomar haguera descobert que els clàssics del gènere donen molt més que un desenllaç sorprenent o una aplicació primmirada de fórmules més o menys efectives. I finalment Marta Sambrizzi[151] (2001) presenta el recull com a diecisiete relatos breves con el único nexo común de reflejar en ellos la realidad cotidiana, pero se hace desde distintos puntos de vista.

---

147 TOLEDO, Alícia, 'Cròniques de la soledat urbana, *Viure al ras* de Rafa Gomar', *Avui*, Cultura, 2001, II, 8, p. XIV.

148 SEBASTIÀ, Jordi, Un nou llibre de Rafa Gomar. "Viure al ras", magnífic recull de contes, Nuestro Pueblo, 2001, II.

149 TOLEDO, Alícia, 'Relats de ràpida deglució i sabor intens' *Viure al ras* de Rafa Gomar, *El Temps,* núm. 876, 2001, III, 27, ps. 78-79.

150 ALONSO, Vicent, "Sobre contistes valencians", Saó*,* 2001, III, ps. 27-28.

151 SAMBRIZZI, Marta, "Diecisiete historias cotidianas ", Gente*,* 2001, I, 20, p. 37.

Catalogació dels reculls per eixos temàtics

Temàtica amorosa

Al llibre d'Elies Barberà *Quaranta contes breus i un llarguíssim poema d'amor* és la temàtica predominant encara que n'apareguen d'altres també.

Temàtica de l'amistat

El conte 'Sitting Bull' del recull de *Laodamia i altres contes* (1986) porta un epígraf sobre el tema de l'amistat i sota el prisma del realisme màgic el tema és present al llarg del conte.

Temàtica costumista i autobiogràfica

Aquells reculls que d'alguna manera continuen amb la tradició de primeries de segle, on es reflecteixen tradicions populars i que d'alguna manera també impliquen l'autor en la seua memòria personal i col·lectiva que li ha tocat viure.

Trobem el primer de Joan - Francesc Mira *Els cucs de seda* (1975), llibre que alguns crítics i el mateix autor afirmen que es pot considerar com una novel·la pel que té d'unitat narrativa per mig dels personatges, el temps i l'espai que donen aqueixa sensació de narrativitat continuada. És el primer recull, cronològicament parlant de l'època analitzada, Josep Piera conclou, en una aproximació primerenca, que l'autor

> *coneixedor perfecte dels ambients populars del país degut a la seua condició d'antropòleg, sap recrear a les pàgines de les narracions que escriu la personalitat col·lectiva, individual i psicològica, d'unes gents i d'un poble.*[152]

La temàtica folklòrica apareix també en un conte, de Josep Lozano publicat al variat recull *Laodamia i altres contes* (1986), titulat 'Les dents' que recorda segons Vicent Salvador

---

[152] PIERA, J., "Els cucs de seda", *Las Provincias,* 1975, XI, 2.

les tècniques narratives de les rondalles populars de por i de misteri i es connecta, per l'assumpte, amb una rondalla d'Enric Valor - la titulada "I queixalets també".

Temàtica marginal

També apareix a l'obra de Joan - Francesc Mira, *Els cucs de seda* (1975), encara que no com a principal però sí que ve representada per bastants personatges marginals, estrafolaris o cridaners, cosa que ja esmentava Josep Piera:

> *Així, des d'un primer conte, potser homenatge a Mercè Rodoreda per allò dels coloms, fins al darrer, símbol d'una burgesia silenciosament morta ofegada al passat, van passant aventures infantils, fragments d'històries líriques, marginats personatges.*[153]

Josep Palomero al seu estudi sobre *Els cucs de seda* (1975), aparegut a la revista *Aiguadolç* (1987) també esmenta la presència, encara que de gairó, d'aquesta temàtica en l'obra de Mira:

> *Els personatges que, a banda dels membres del grup i del jo protagonista omnipresent, suporten a vegades el pes d'una història, tenen en comú l'adversitat, la desgràcia, el destí tràgic*

El recull de Josep Lozano porta el títol homònim al tema d'*Històries marginals* (1982), que segons Josep Lacreu

> *és un recull de narracions curtes elaborades a partir de vivències que formen part d'una memòria col·lectiva. O, si més no, fan aquesta impressió. Semblen reelaboracions literàries d'històries reals que han arribat a orelles de l'autor.*[154]

---

[153] Piera, J., "Els cucs de seda", *Las Provincias,* 1975, XI, 2.
[154] Lacreu Josep, Josep Lozano: La paraula pròdiga. *Daina* núm. 2, Revista de literatura, Eliseu Climent, Editor, Març 1987.

També el segon recull de contes de Josep Lozano titulat *Laodamia i altres contes* (1986) té un cert alè de marginalitat remarcat per Josep Lacreu

> *Són, tot plegat, éssers marginals sobre els quals l'autor desplega la seua comprensió solidària*[155]

Vicent Borràs al seu estudi introductori del llibre de Vicent Josep Escartí, *Barroca mort* (1988), també assenyala que aquesta temàtica apareix quan diu que l'autor

> *s'ha centrat en els aspectes més foscos i quotidians, les misèries més esperpèntiques, econòmiques i espirituals, d'aquella gent. Ens ha transmés les parts més brutes i* ***marginals****, els llocs més sinistres de la realitat, la pesta, les febres, la mort, les riuades, les malformacions genèriques, la fam, l'avarícia, la imatge viscosa del sexe...*[156]

Temàtica fantàstica

S'inicien amb el de Manuel Joan i Arinyó titulat *Tot en ordre* (1984), segons Antoni Prats

> *La major part de les pàgines del qual conten històries brevíssimes, de vegades en dues línies i de caire fantàstic, grotesc, superrealista,* [157]

Temàtica màgica

Josep Lozano la fa servir a *Laodamia i altres contes* (1986)

> *Un altre element innovador destaca, encara, en alguns dels contes que s'apleguen*

---

155 Lacreu Josep, Josep Lozano: La paraula pròdiga. *Daina* núm. 2, Revista de literatura, Eliseu Climent, Editor, Març 1987.
156 Borràs i Castanyer, Vicent, Introducció a *Barroca mort,* Bromera, Alzira, 1988, p.11.
157 Prats, Antoni, "Breu aproximació a la narrativa de M. Joan i Arinyó", *L'Aiguadolç*, núm. 9-10, 1989, ps. 149-153.

en aquest recull: l'element màgic. La màgia impregna la paraula. Enfront del realisme estricte que ha amerat fins ara la seua obra, sorgeixen, en aquesta nova etapa literària, ressorts incontrolables per la raó. Es desafien les lleis de la naturalesa; es transgredeix la lògica coercitiva de la ment racional. Tot és possible, ara. Les figures de paper prenen vida. Els somnis adquireixen un sentit premonitori. L'home experimenta una mutació de la seua pròpia condició humana. La ficció s'alça sense barreres[158].

Vicent - Josep Escartí a *Barroca mort* usa el *realisme màgic* segons Vicent Borràs (1988)[159] ja que els relats del llibre situen la màgia com un element important de la realitat, recordem tots els efectes supersticiosos, religiosos i tradicions que apareixen constantment en el món dels personatges de l'obra.

Àlan Greus també fa servir el *realisme màgic* al recull *Relats de la creença*, tal com ho destaquen la majoria dels crítics Vicent Borràs(1999), Lluïsa March (2000), Josep M. Abdon (2000).

Ahir van ploure granotes de Ramon Guillem és qualificat per Xulio Ricardo Trigo (1997) com un recull que pot rebre el qualificatiu de realisme fantàstic.

Viure al ras de Rafa Gomar presenta en el tercer bloc del recull un cert realisme màgic tal com diu Alícia Toledo[160] (2001) I en la tercera part, la realitat es distorsiona i pot arribar a l'absurd. Heus aquí el Gomar més proper al realisme màgic de postguerra, que participa de l'univers fantàstic que creà Pere Calders, on l'absurd arriba amb aparent senzillesa, per instal·lar-se en el quefer de cada dia, en la realitat més tangible.

---

158 LACREU Josep, Josep Lozano: La paraula pròdiga. *Daina* núm. 2, Revista de literatura, Eliseu Climent, Editor, Març 1987.

159 BORRÀS I CASTANYER, Vicent, Introducció a *Barroca mort,* Bromera, Alzira, 1988, ps.12-13.

160 TOLEDO, Alícia, 'Cròniques de la soledat urbana, *Viure al ras* de Rafa Gomar', *Avui*, Cultura, 2001, II, 8, p. XIV.

Temàtica realista

Ve representada primerament per *Històries marginals* (1982), segons els crítics Josep Lacreu[161], Vicent Salvador[162]. També pel recull de Manuel JOAN I ARINYÓ titulat *Gris* (1984) que segons Antoni Prats els relats del llibre

> *Tenen en comú una relativa contenció imaginativa i de llenguatge: són un intent de fer "realisme".* [163]

També el de Josep FRANCO titulat *Antropologia parcial* (1986) té totes les característiques de les narracions que intenten reflectir la realitat encara que de vegades extraordinària o si més no xocant pels seus finals inesperats.

El recull *Cronicó del sisé* (1987) de Bernat Capó, que parla sobre la problemàtica de les relacions sexuals durant la postguerra, és un conjunt de contes que també té el fil conductor del realisme que impregna tot el conjunt com diu el mateix autor a l'aclariment i a la contraportada

> *Totes les narracions que formen aquest recull són verídiques, totes han esdevingut en diversos llocs del País Valencià i totes m'han estat contades pels propis protagonistes unes voltes, i per persones acostades als mateixos, d'altres.*

El tema de la denúncia

El recull *La roda de la Fortuna* (1986) és un conjunt de contes sobre fets reals que poden passar en la vida, tenen una moralitat perquè l'autor vol transmetre un missatge sobre la falta de felicitat que produeix l'obsessió pel benestar econòmic. A la pàgina 7 del llibre hi ha una

---

[161] LACREU Josep, Josep Lozano: La paraula pròdiga. *Daina* núm. 2, Revista de literatura, Eliseu Climent, Editor, Març 1987.

[162] SALVADOR, V., "Pròleg" a *Laodamia i altres contes,* Eliseu Climent, 1986 - 1994, p. 13.

[163] PRATS, Antoni, "Breu aproximació a la narrativa de M. Joan i Arinyó", *L'Aiguadolç*, núm. 9-10, 1989, ps. 149-153.

dedicatòria a totes les persones que no s'han venut mai, poques adverteix l'autor.

La temàtica històrica.

Dins *Laodamia i altres contes*, recull temàticament polimòrfic de Josep Lozano, apareix el conte "El senyal evident", l'acció del qual es desenvolupa al segle XVI en l'època de la guerra de les germanies.

> *"El senyal evident", conte en què reprèn el tema de les Germanies, n'és una excepció.*

Dins *Tirar les cartes* de Josep Gregori, també amb temàtica diversa hi ha un conte 'Diari d'Alí Abenhayan', que gira

> *al voltant del període de la decadència musulmana a les nostres terres, tot donant quotidianitat a aquells temps, i vida a unes pàgines del passat, refent un tros de la nostra història.*

Barroca mort de Vicent-Josep Escartí se centra en un període de la nostra història: el barroc ara bé segons els crítics *sota un prisma que de vegades ratlla l'irreal i l'absurd.*[164]

Tema eròtic i sexual

Ve representat primerament pel recull de Bernat Capó titulat *Cronicó del sisé* (1987), en què com diu el títol són cròniques o recitats sobre fets que han succeït i

> que tenen com a denominador comú la transgressió del sisé manament que vedava la fornicació.

Ara bé l'autor advertia a l'aclariment inicial que les seues narracions no eren eròtiques en el sentit estricte de la paraula.

> Hom no espere trobar, ara i ací, planes eròtiques que li rescalfen el cos, els assumptes han estat tractats sense morbositat. Si algú força la imaginació el problema és seu, que el resolga ell.

---

164 BORRÀS I CASTANYER, Vicent, Introducció a *Barroca mort,* Bromera, Alzira, 1988, p.13.

Sí que ho seran, sens dubte, els contes que publicà Bromera i que guanyaren els premis de Narrativa Eròtica La Vall d'Albaida, el segon premi va ser guanyat per l'obra de Josep M. Morreres *Cinc lais. Eròtica cavalleresca*, sobre la qual hi ha el següent comentari

> L'erotisme, en aquestes obres, es concep com una manifestació alegre i lúdica de l'ésser humà, allunyat de perversions escatològiques i de comportaments asocials. D'altra banda, l'erotisme se situa més a nivell de còrtex cerebral que de zones genitals, s'entén més com una actitud que com determinades pràctiques, postures o grandàries. Tot plegat fa que erotisme i sentit de l'humor es presentin d'una manera indissociable. [165]

I també el recull de Joaquim G. Caturla que guanyà el III premi de Literatura eròtica La Vall d'Albaida 1995 titulat *Les quatre edats d'Eros* té la temàtica eròtica com a predominant encara que són

> quatre contes molt ben treballats, molt ben escrits, i que (ai las!) no cauen en la barroeria de l'erotisme perquè sí, sinó que el tema eròtic serveix com a excusa per plantejar temes "universals": el pas del temps, el desig sexual... i, sobretot, per presentar la naturalesa humana en les quatre edats que esmenta el títol.(...) la temàtica eròtica queda en un segon terme i en un primer hi ha, com hem dit, la condició humana [166]

El tema de la mort

És un dels temes predominants de la literatura, en el present cas també abunda:

Primerament

El llibre d'Elies Barberà *Quaranta contes breus i un llarguíssim poema d'amor*

Reculls de temàtica diversa

Ve representada per

Els cucs de seda (1975) on apareixen el món de la infància, el sexe, la guerra, la mort, la supervivència, la

---

165 (De la pàgina d'internet de l'Associació d'Escriptors en llengua catalana)

166 "*Les quatre edats d'Eros*" , Revista del Centre de Lectura de Reus, núm. 29 , 1996, XI, p. 12.

religió, i el món dels adults, i la personalitat col·lectiva, individual i psicològica, d'unes gents i d'un poble.

Viure al ras (2000) on apareixen segons els crítics temes ben diversos com la solitud ('Finestres', 'Absència') la incomunicació ('Contactes'), la decepció, el fet literari ('Dona davant l'espill'), la hipocresia, l'engany publicitari ('Trex'), la relació de parella, el destí o l'atzar, la vellesa ('Insomni'), la monotonia, la rutina ('Moviment continu'), la mort, el realisme màgic.

www.ingramcontent.com/pod-product-compliance
Lightning Source LLC
LaVergne TN
LVHW050327160826
845677LV00014B/3557